DATA SCIENCE
BUSINESS

データサイエンティストに求められるビジネスリテラシー

情報がビジネスを生み出し、
マネジメントを支え、社会を変える

関西大学総合情報学部教授
齋藤雅子
Saito Masako

同文舘出版

まえがき

現代社会において，情報はさまざまな分野や場面で広く活用されています。インターネットに接続されたコンピュータや携帯端末のスマートフォンを手段として，いつでもどこでも情報に触れることが可能です。私たちは膨大な量の情報に囲まれながら日々暮らしています。情報はありとあらゆるモノをつなぐ媒体としての機能を有しており，常に動き，そして拡散していきます。多岐多様な価値を生み出す情報は今後もさらなる革新をもたらすでしょう。ビジネス分野では，価値や機会を創造し続けることで，情報技術の高度化はもちろん，情報自体の有用性や重要性に大きな期待が寄せられています。

ひと昔前には存在しなかったビジネスが，現代社会において数多く機能しています。どこにでもみかけるコンビニエンスストア，注文からわずか数日で商品を届ける宅配サービス，Wi-Fi 接続によって外出先でもアクセスできる通販サイトやバンキングシステム，電子マネー決済，ダウンロードを通じて購入する音楽や書籍のデジタル化など，例をあげればきりがないほどです。ヒト，モノ，カネをつなぐ情報を経営資源として有効に活用することで，ビジネスは常に進化し続けているのです。

肌身離さず持ち歩くアイテムであった財布ですら，外出時に所持する必要がなくなりつつあります。地域や環境にもよりますが，スマートフォンを持ち歩きさえすれば，電子マネー決済ができる時代です。若者から高齢者に至るまで，情報にアクセスする，情報につながることが習慣化し，中には自身がSNSを活用して情報を発信（作成）するケースも珍しくなくなっています。いまや個人であっても情報に常時関わっており，その情報を中心として行動を起こすというライフスタイルへと変化しています。情報によって生み出されるビジネスのアイデアや戦略，新たなビジネスモデルが一般の人々に，利便性と安定した生活基盤を与えています。

つまり，情報はビジネスを担う企業の経営活動を支え，社会や経済の枠組みを変えつつあります。新たな価値創造を実現する，これこそが情報の醍醐味です。リスクと不確実性のある社会において，ビジネスを成功させ企業が存続していくため，そしてより豊かな社会や暮らしを実現するため，情報の利用価値は一層高まっています。

ビジネスは社会に深く溶け込んでおり，私たちの日常生活に欠かせない存在です。普段からビジネスを意識して生活する場面は少ないかもしれませんが，周りを見渡せば，少し意識さえすれば，さまざまなビジネスが皆さんの暮らしを支えていることを理解できるでしょう。なぜなら，ビジネスは衣食住など人間の生活を充足させる商品，製品などの財や教育，医療，娯楽，デリバリーなどのサービスを私たちに提供しているからです。財・サービスは経済用語であり，一般的に人間の欲望を充足させるものの総称として知られています。価値の源泉は，ビジネスを介して提供される商品や製品，サービスといった「財・サービス」から「情報」へと変容しつつあります。

ビジネスは一般的に，利益を得る目的で行われる事業を意味します。高度な情報技術を活用したビジネスが近年次々と生み出されるだけでなく，ビジネスを担う企業の経営や社会システムに変革をもたらしています。ビッグデータの社会実装化や AI 技術の革新は，いまやビジネスや企業の経営活動と切っても切り離せない密接な関係があります。どのようなビジネスが厳しい競争に勝ち残っていくのでしょうか。またどのような企業が持続的に経営活動を行っていくのでしょうか。その解は，情報をいかに蓄積し，分析・判断し，生かすことができるかにかかっています。情報を駆使して消費者のニーズや行動，投資家の興味・関心をいかに引き出し続けるかを常に意識し，将来を見据えていま何をすればよいのかを判断できる企業，将来を予測して展開するビジネスこそが，グローバル社会で高く評価され，スマートに生き残っていくことができるでしょう。

高度な情報技術やデータ処理能力は，現代そして将来の社会基盤を形成するうえで重要です。それと同じように，ドメイン知識としてのビジネス分野の基礎知識もまた重要です。データサイエンスやデータエンジニアリングといったデータ処理・分析能力，運用・社会実装能力などの動力やメカニズムを司る情報技術と，「知のエンジン」としてビジネス知識が有機的に結合することで，これまでにはなかった画期的なビジネスモデルや価値が創造され，日々の暮らしやビジネスの質的向上をはかる社会実装化を実現します。

本テキストは，データサイエンスを学び社会実装を目指す方々を対象とし，ビジネス初学者が理解しやすいよう，「情報」をキーワードに生活密着型のビジネスをはじめ，成長が著しいビジネスまでを広く取り上げることによって，ビジネス分野に関連する学問領域として主に経営学，商学，会計学全般の基礎理論や方法論を着実に学ぶことができる章構成としています。ビジネスを担う企業の経営活動や最新の動向を踏まえ，情報がビジネスにおいてどのように位置づけられ，役立てられているのか，そして情報がビジネスを担う企業の経営活動に対していかに重要なのかについて学びを深め，知識を育むことを目標としています。

デジタル社会において，データサイエンスという新たな学問分野が出現し，高度なデータ処理能力や技術を有するデータサイエンティストとよばれる高度情報人材に注目が集まっています。本テキストの学びを通じて育んだ，情報を中心とするビジネスの動向やトピック，ビジネスや企業に関する基礎知識，すなわち「ビジネスリテラシー」と，皆さんのもつ高度な情報処理技術および運用能力を大いに発揮し，データサイエンティストとして幅広い分野で活躍されることを願っています。

2024 年 3 月

齋藤雅子

目 次

データサイエンティストに求められる
ビジネスリテラシー

―情報がビジネスを生み出し、マネジメントを支え、社会を変える―

第1章

ビジネスにおける
データサイエンスの重要性

1 ビジネスにスマートに関わる

ビジネスは社会に深く溶け込んでおり，私たちの日常生活に欠かせない存在です。普段からビジネスを意識して生活する場面は少ないかもしれませんが，身の回りを注意深く見渡せば，さまざまなビジネスが皆さんの暮らしを支えていることを理解するでしょう。なぜなら，ビジネスは衣食住など人間の生活を充足させる商品，製品などの財（財貨，または通称モノともいう）や教育，医療，娯楽，デリバリーなどのサービスを私たちに提供しているからです。一般的に人間の欲望を充足させるものの総称として，**財・サービス**（goods and services）[1]という経済用語は知られています。

ビジネス（business）とは，利益を得る目的で行われる事業という意味で用いられています。そして，ビジネスは1種類ではなく，多岐多様な形態があります。ビジネスなくして個人の生活や暮らしは成り立たないといえるでしょう。それゆえ，個人がビジネスに対して適切な専門知識を正しく理解しておくことが肝要です。いうならば，ビジネスにスマートに関わることができる消費者を目指す，さらには資産形成をスマートに実現できる投資家を目指すことによって，皆さんの日常をより豊かなものにすることが可能です。それぞれ，スマート・コンシューマー（smart consumer），スマート・インベスター（smart investor）という表現が使われている所以です。

消費も投資も，スマートを目指す

2 情報を制し，使いこなす

(1) スマートな個人の情報利活用力

最近，消費者と投資家がスマートといわれるには共通点があります。それは，限りある手持ちの資金を何にどのように使うかについて非常に慎重であり，判断を他人任せにしないという点です。専門家の意見も含め情報を収集・精査し，リターン（メリット，利潤といったプラス効果）とリスク（デメリット，損害・被害といったマイナス効果）をじゅうぶん検討したうえで，最終的には自らが判断するのです。

成功する人々と一般の人々は何が違うのでしょうか。その差は，必要に応じて情報を適切にかつ上手に収集し，分析する能力，すなわち，情報の利活用能力を有しているかどうかにあります。ビジネスにはまつわる膨大な量の情報がありますが，そのうち何が自らの消費や投資の判断に必要かを考え判断する能力を成功する人は備えています。この能力こそが，スマートな消費やスマートな投資を実行できるかどうかの分岐点になります。

(2) 競争社会で生き残るビジネス，企業

ビジネスを担うのは，利益を営むために経営を行う企業です。企業にとって，増加するスマート・コンシューマーやスマート・インベスターは大きな影響力をもつ存在となりました。現代は多くの財・サービスが流通し，販売することも利益を獲得することも難しい時代ですので，消費者は限りある収入の使い道をよく計画し，より消費行動に対して慎重になってきています。また企業にとって資金は経営には欠かせない訳ですが，投資家がスマートになるほど資金を集めにくい状況に陥りがちです。企業の成長性に自らの資金を投資する際，投資家は利潤（gain，ゲイン）を歓迎しますが，当然ながら投資リスクを最小限に抑えたいと考えます。彼らは企業に関する情報を過年度も含め用意周到に精査し，分析するのに時間を費やします。

消費者や投資家の関心を維持しながら，ビジネスを軌道に乗せ，順調に利益を伸ばしていくため，企業は厳しい競争に打ち勝たなければなりません。財・サービスを提供する企業の社会的使命でもあります。将来にわたってビジネスやビジネスを担う企業のさらなる成長が持続することによって，従業員の雇用を守ることができます。

では，どのようなビジネスが競争に勝ち残っていくのでしょうか。またどのような企業が持続的に経営活動を行っていくのでしょうか。それは，情報をいかに蓄積し，分析・判断し，生かすことができるかにかかっています。情報を駆使して消費者のニーズや行動，投資家の興味・関心をいかに引き出し続けるかを常に意識し，将来を見据えていま何をすればよいのかを判断できる企業，将来を予測して展開するビジネスこそが，グローバル社会で高く評価され，スマートに生き残っていくことができるでしょう。

情報を駆使して将来を予測する

(3) 個人としてビジネスの多様性を理解する

単にビジネスといっても多種多様です。業種や業態の特殊性があり，取り扱う情報やデータにも違いがあります。あらゆるビジネスにおいて情報やデータが有する共通のメリットやデメリットもありますが，業種や業態特有の事情もそれぞれあります。皆さんがスマートにビジネスや企業と向き合い，豊かな暮らしを実現するため，そして将来のキャリア形成をはかるために求められる要素として，さまざまなビジネスやビジネストピックに触れ，それらに関わる情報やデータ，ビジネスを営む企業活動について理解することが大切です。

そこで，本テキストにおいては，まずビジネス初学者の皆さんが理解しやすいよう，生活密着型のビジネスをはじめ，成長が著しいビジネスまでを広く対象とし，「情報」をキーワードにビジネスを担う企業の経営活動や最新の動向も含め取り上げていきます。ビジネスにおいて情報がどのように位置づけられ，役立てられているのか，そしてビジネスを担う企業の経営活動に対して情報がいかに重要なのかについて着実に学び，知識を育みましょう。本テキストの目標は，ビジネスにおける情報の重要性を学び，得た知識を皆さんの生活や暮らし，仕事に援用できることです。スマートにビジネスに関わることができる人材を目指してみませんか。

“情報を制する”が成功へ導く

3 「情報」は動き，広がる

いまやありとあらゆるモノが情報を介してつながっています。また媒体としての情報は動きをもち，広がっていくものです（**図表1-1**）。情報はビジネスのアイデアや戦略，財・サービス，新たなビジネスモデルを生み出し，あらゆる場面でビジネスを形作る企業の経営活動を支えます。将来にわたって安定した企業経営が存続することで，私たちの生活や社会システムは成り

図表1-1　情報は媒体として機能する（イメージ）

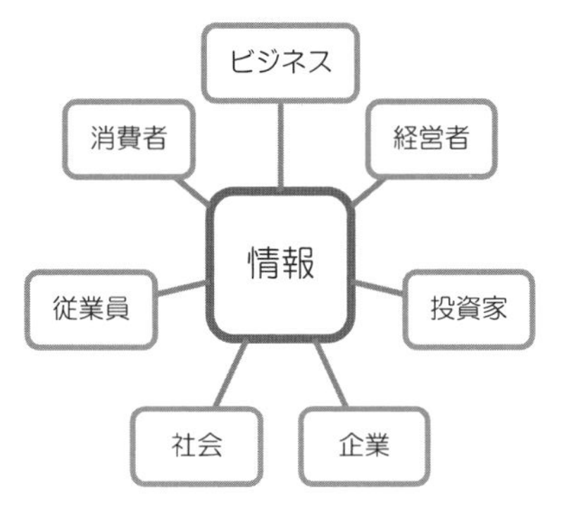

出典：筆者作成。

立っています。情報は静止するものではなく，変化を続けながら，将来にわたってさらに進化を遂げていくことを期待されています。

現代では当たり前となったビジネスの中には，過去にさかのぼってみると存在しなかったものが多数あります。どこでもみかけるコンビニエンスストア，注文からわずか数日で商品を届ける宅配サービス，インターネット（internet）を活用した通販サイトやバンキングシステム，電子マネー決済，音楽や書籍のデジタル化（digitalization）などの例が示すとおり，ビジネスは進化し続けており，その進化には必ずといっていいほど「情報」の存在があります。新たな価値創造を実現する，これこそが情報の醍醐味です。

情報技術の発展と普及は，「誰でも，低コストで，簡単に，いつでも，高度な情報技術を利用できる」[2]という環境を私たちに提供してくれています。価値の源泉が財・サービスから，情報を源泉とするものに変化してきていることの表れです。身近にあるスマートフォンを用いて情報に触れることが日常です。

電子マネーが普及する以前は肌身離さず持ち歩いてきた財布すら，地域や場所にもよりますが，必要な外出アイテムではなくなり，多くの人々は情報端末としてのスマートフォンを必ず持ち歩く動作が自然になりつつあります。目的は別として，若者世代から高齢世代に至るまで情報にアクセスする，情報につながることが習慣化しています。中には，自身がSNSを活用して情報を発信（作成）するケースも珍しくなくなっています。個人が「情報」にほぼ常時関わっており，情報を中心として行動を起こすというライフスタイルへ変化しています。

4 電子商取引の動向

（1）電子商取引の市場規模

情報通信技術の進歩は着実にビジネスを変化させています。企業はビジネスを国内・国外で広範囲に展開することが可能となり，近年では国内外で電子決済によるビジネス，いわゆる**電子商取引**（E-Commerce，略称：EC）が増加しています。

2020 年には新型コロナウイルス感染症の世界的な感染拡大により，EC 市場の売上高をさらに増加させましたが，その後も増加傾向で予測も含めて推移していることを図表から読み取ることができます（**図表 1‑2**）。また国別の

図表 1‑2　世界の EC 市場における売上高推移（2021 年時点）

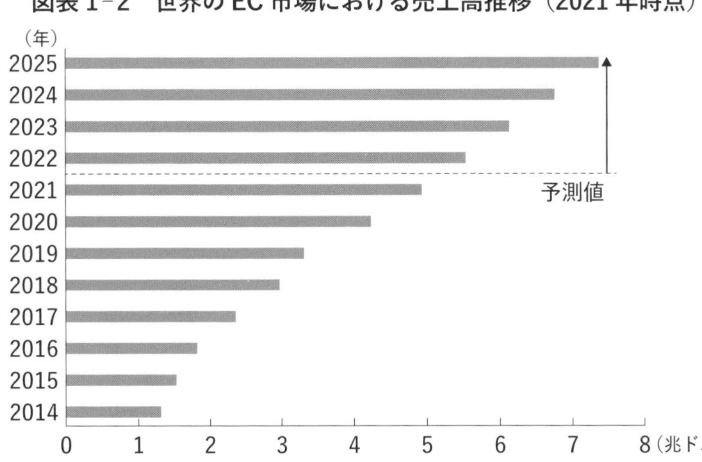

出典：総務省「令和4年版 情報通信白書」データ集，Statista（eMarketer），https://www.soumu.go.jp/johotsusintokei/whitepaper/ja/r04/html/nf306000.html#d0306070（閲覧日：2023年10月21日）をもとに筆者作成。

EC市場の売上高動向によれば，2021年において中国が世界第1位の178.4兆円，第2位はアメリカの101.4兆円，そこからかなりの差がありますが，第3位は日本の28兆円となっています[3]。

(2) 国内の電子商取引

では，国内の電子商取引はどのような状況にあるのでしょうか。**図表1-3**，**図表1-4**は経済産業省のEC市場に関する調査データ[4]をもとに作成しています。**図表1-3**は，電子商取引のうち**BtoC-EC**は消費者向け電子商取引を示していますが，2013年以降着実に右上がりで市場規模は拡大しています。2022年のEC全市場は2013年を基準とすると，約2倍に成長していることがわかります。消費者向け電子商取引BtoC-ECは，取り扱う財・サービスによって以下の一覧で示すとおり，物販系，サービス系，デジタル系の3つの分野に分類され，細分化されています（※を付したものがその分類一覧で

図表1-3　国内の電子商取引

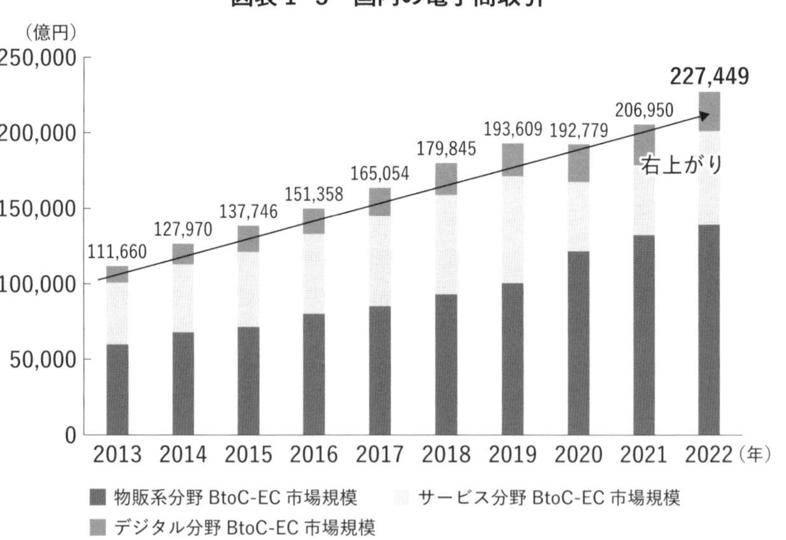

出典：経済産業省（2023）「令和4年度デジタル取引環境整備事業（令和4年度電子商取引に関する市場調査報告書）」（8月31日）34ページ，https://www.meti.go.jp/policy/it_policy/statistics/outlook/230831_new_hokokusho.pdf（閲覧日：2023年10月20日）をもとに筆者作成。

図表 1-4　物販系の EC 市場

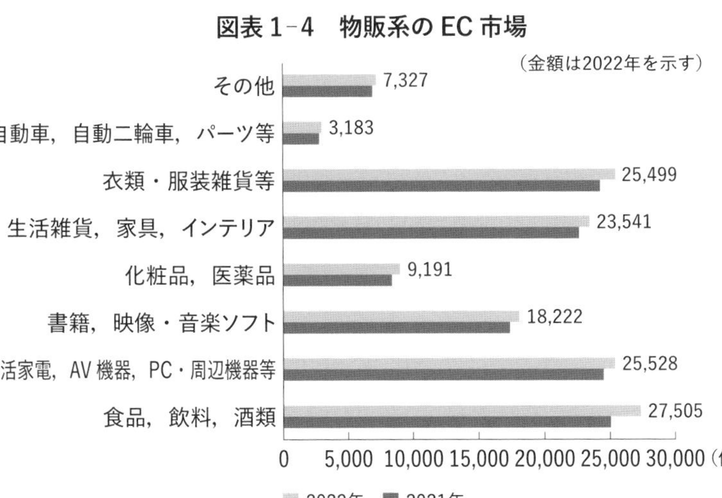

出典：経済産業省，同上書，51ページをもとに筆者作成。

す）。また，サービス分野を除き，物販系分野およびデジタル分野のBtoC-EC市場規模の過去 10 年間で増加している点も読み取ることができます。

図表 1-4 は物販系の EC 市場を示しています。2022 年では，BtoC–EC の小区分すべてで前年に比べ市場規模を拡大させています。また同調査では「書籍，映像・音楽ソフト」が全取引中の 50 パーセント超で電子商取引化（EC 化）を達成している一方で，「自動車，自動二輪車，パーツ等」はわずか数パーセントであり，最も EC 化が遅れているという現状が示されています。

皆さんの興味・関心を知ったり，ビジネスや業種を理解したりするうえで，以下の分類を参考にするとよいでしょう。さて，皆さんは財・サービスを提供するビジネスのうち，どの分野に興味・関心があるでしょうか。そして，今後を見据えた場合，どの分野のビジネスが将来性や成長性を見出せると思いますか。

〈経済産業省の BtoC-EC 分類〉※

物販系：
(1) 食品，飲料，酒類
(2) 生活家電，AV 機器，PC・周辺機器等（オンラインゲーム含まず）
(3) 書籍，映像・音楽ソフト（書籍には電子出版含まず）
(4) 化粧品，医薬品
(5) 雑貨，家具，インテリア
(6) 衣類，服装雑貨等
(7) 自動車，自動二輪車，パーツ等
(8) その他

サービス系：
(1) 旅行サービス
(2) 飲食サービス
(3) チケット販売
(4) 金融サービス
(5) 理美容サービス
(6) フードデリバリーサービス
(7) その他（医療，保険，住居関連，教育等）

デジタル系：
(1) 電子出版（電子書籍・電子雑誌）
(2) 有料音楽配信
(3) 有料動画配信
(4) オンラインゲーム
(5) その他

出典：総務省（2022）「令和4年版 情報通信白書」82ページ，https://www.soumu.go.jp/johotsusintokei/whitepaper/ja/r04/html/nd236300.html（閲覧日：2023年10月21日）。

5 データサイエンスは ビジネスを理解してこそ意味がある

(1) データサイエンスの本源的価値

最近データサイエンスという語句をよく耳にするようになりました。もともと**データ**（data）[5]は文字，符号，数値などでまとまったものを意味し，それらを人間が解釈した結果を一般的に情報とよんでいます。データのうちコンピュータで保存，加工，伝送などが可能なデータは，デジタルデータ（digital data）としてさまざまな場面で活用されています。デジタル技術によるビジネスや社会の変革を，DX（Digital Transformation, デジタルトランスフォーメーション）といいます。

データサイエンスの重要性は高まる

デジタル大辞泉（小学館）によれば，**データサイエンス**（data science）は「統計学，数学，計算機科学などと関連し，主に大量のデータから，何らかの意味のある情報，法則，関連性などを導き出すこと，またはその処理の手法に関する研究を行うこと」[6]と定義されています。データサイエンスは，数学と統計，特殊プログラミング，高度な分析，人工知能（artificial intelligence, 略称：AI），機械学習を特定の対象分野の専門知識と組み合わせ，組織のデータに隠されている実用的な洞察を明らかにし，ビジネス上の意思決定や戦略策定の指針としての活用事例がみられます[7]。

つまり，あらゆる業界において急成長する，近年新たに形成された学術分野がデータサイエンスといえるでしょう。その将来性や重要性は高まっています。その1つの表れとして，総務省は2023年秋にデータサイエンス・オンライン講座「社会人のためのデータサイエンス演習」を一定期間にわたり広く国民に向けて開講するなど，国としてのデータサイエンスに対する高い期待感がうかがえます[8]。

文字や符号，数値などで構成されたデータは，人間の解釈を介して新たな価値を創造する可能性を秘めています。しかし，ビジネスの各分野において，デジタルデバイスを経て収集されたデータは未加工の状態（原データ）であり，そのままの状態では解や結論を導き出すことはできません。必ず何らかの加工が必要になってきます。そのような点からすると，「データを科学する」という複合的な用語を組み合わせたデータサイエンスの本源的価値は，さまざまな学問分野や専門知識，分析手法を活用し，データから何らかの解や結論を導き出すことといえるのではないでしょうか。

(2) データサイエンティストを目指すためのドメイン知識（ビジネスリテラシー）

データサイエンスという情報処理・分析に関する新たな学問分野，さらにはデータサイエンスを社会実装する人材育成の重要性に対して，社会の関心や注目が急速に高まってきています。しかし，データの中でもビッグデータとよばれる規則性がなく，発生速度が速まっており，構造化が難しいデータを取り扱う際には，ビジネスとそれに付随する情報に関する広範囲な専門知識が前提となります。なぜなら，ビジネスを正確に理解していなければ，データの加工や分析から予測に基づく判断や意思決定に役立つ解を導くことができないからです。

データサイエンスの技術やスキルを磨き，また分析手法を学ぶ一方，ビジネスそのものを理解することで，適切なデータの加工や取扱はもちろん，分析に基づく結果や将来予測の精度が格段に向上します。ビジネスや企業の経営活動に関わる専門知識は，データサイエンスによる結果の解釈をするうえで欠かせないドメイン知識です。「知のエンジン」としてのドメイン知識が有効に機能しなければ，高度なデータ処理や社会実装に関わる技術を備えていても，ビジネスや社会の変革を実現することはできないでしょう。

情報を源泉としてあらゆる価値創造は起こります。情報通信技術の進歩により，ネットワーク環境が整備されたことで，ビッグデータがビジネスに活用される機会は格段に増えています。情報がビジネスを進化させ，情報を制する者が成功を収める時代です。データを含む情報は目的を実現し，役立ててこそ意義があります。なお，ビッグデータの特性については本テキスト第4章で取り上げています。

デジタル時代だからこそ，データサイエンスの技術やスキルを最大限に身につけた**データサイエンティスト**（data scientist）に対する期待が高まっています。優秀なデータサイエンティストを目指すためには，人間の衣食住や生活に欠かせないビジネスやビジネスを担う企業の経営活動についての知識，すなわちビジネス分野に関するドメイン知識（ビジネスリテラシー）を備えておくことは前提条件です。本テキストを通じて「情報」がもたらす進化や動向，将来展望をビジネスや企業の事例を介して学んでください。その学びは，データサイエンティストとしてビジネスを創造し，企業を支え，社会システムを変えるような高度情報人材となるための登竜門となるでしょう。

ビジネスの専門知識（リテラシー）で
データサイエンス力に差がつく

◀注・参考文献▶

1 小学館 日本大百科全書「財・サービス」コトバンク，https://kotobank.jp/word//財・サービス-1540962（閲覧日：2023年10月20日）。

2 マルコ・イアンシティ，カリム・R.・ラカーニ（2023）『AIファーストカンパニー―アルゴリズムとネットワークが経済を支配する新時代の経営戦略』英治出版，404-405ページ（原書：*Competing in the Age of AI: Strategy and Leadership When Algorithms and Networks Run the World*, Harvard Business School Publishing, 2020）。

3 総務省（2022）「令和4年版 情報通信白書」82ページ，https://www.soumu.go.jp/johotsusintokei/whitepaper/ja/r04/html/nd236300.html（閲覧日：2023年10月2日）。

4 経済産業省経済産業省の電子商取引実態調査の過年度を含む情報については，https://www.meti.go.jp/policy/it_policy/statistics/outlook/ie_outlook.html（閲覧日：2024年11月2日）にて参照可能である。

5 小学館 デジタル大辞泉「データ」コトバンク，https://kotobank.jp/word/データ-6139（閲覧日：2023年10月2日）。

6 小学館 デジタル大辞泉「データサイエンス」コトバンク，https://kotobank.jp/word/データサイエンス-1715125（閲覧日：2023年10月28日）。

7 日本アイ・ビー・エム株式会社「データサイエンスとは」，https://www.ibm.com/jp-ja/topics/data-science（閲覧日：2023年10月28日）を参考にしている。

8 総務省（2023）報道資料「データサイエンス・オンライン講座『社会人のためのデータサイエンス演習』の開講」（10月3日），https://www.soumu.go.jp/menu_news/s-news/01toukei09_01000081.html（閲覧日：2023年10月10日）。

第2章

ビジネスを循環する貨幣

1 貨幣の役割

(1) 交換手段としての貨幣

ビジネスでは，貨幣（お金）を介してさまざまな財・サービスが取引されています。例えば，消費者がある製品を購入しようとするとき，どのような支払手段で決済するかは別として，その製品と引き換えに製品代金を支払います。これが，一般的な商取引です。この場合，取引の成立は通常貨幣のやりとりによって行われます。つまり，貨幣は財・サービスの交換手段です。第1章で述べましたが，財・サービスは人間の生活や欲望を充足させるものです。財は商品や製品の類を，サービスは教育，医療，娯楽，デリバリーなどのサービスとそれぞれ理解するとよいでしょう。

古くから，貨幣は財やサービスの交換を媒介する手段として重要な役割を果たしてきました。貨幣は一般に広く国や地域によって流通し，ビジネスを支え，人々の生活に欠かせないものとなっています。社会で用いられている「通貨」という語句は，一般に流通している貨幣という意味です。国や地域によって流通する貨幣の単位は異なっています。皆さんが知っているように，日本では円，アメリカではドル（複数の国々でドルの単位を使っていることから，一般的にアメリカで流通するドルをUSドルとよんでいます），EUではユーロ，イギリスではポンドをそれぞれ貨幣単位としています（**図表2-1**）。

(2) 通貨制度を支える国の機関

日本では，国家により7世紀後半につくられた「富本銭（ふほんせん）」が最初の貨幣とされています[1]。富本銭は銅とアンチモンの合金製で外形が丸く中央に四角い穴があいた，円形の方孔銭（ほうこうせん）です。一般的に流通する貨幣には，紙幣と硬貨がありますが，日本では，国家の中央銀行である日本銀行（Bank of Japan, 略称：BOJ）が紙幣（銀行券とよばれる）を発行し，造幣局[2]が硬貨を製造しています。

図表2-1　主要国の通貨の単位

出典：筆者作成。

日本銀行は物価の安定と金融システムの安定という目的で，「発券銀行」として紙幣の発行，流通，管理の業務を担っています。その他の主な業務には「銀行の銀行」として金融機関間で利用する資金決済システムの提供や，金融政策の決定・実行などがあります[3]。また財務省は，通貨に対する信頼の維持が通貨を通じた取引の安全を確保するという観点から，適正な通貨を円滑に供給するとともに，偽造や変造の防止策を講じることで通貨制度を適切に運用するという役割を担っています[4]。

2 貨幣の起源と機能

貨幣という概念が誕生するひと昔前は，物々交換が中心でした。欲しい財を保有する人と自らの財の交換を交渉し，互いの合意が得られれば物々交換が無事成立するというしくみです。貨幣の起源についてはさまざまな学問領域によって議論される中，このような物々交換が進化する過程で，石や貝といった共通の価値を財の交換に利用するようになり，やがて貨幣を生み出したとする説が伝統的で一般的な考え方といわれています[5]。最近では，債務（借金など返済義務をいう）が貨幣の起源ではないかとする説[6]や，取引相手同士が交換の取引を記録した「記帳」が貨幣の起源とする説[7]など，新たなユニークな見解も登場しているようです。

貨幣は「価値の尺度」「交換（決済）」「価値の貯蔵」という3つの機能を有しています[8]。1つ目は「価値の尺度」機能であり，財やサービスの価値を決める尺度となるというものです。2つ目は「交換（決済）」機能であり，まさに財やサービスの交換の媒介をなすというものです。そして，3つ目は「価値の貯蔵」機能であり，名目的な価値は変化せず保存されるというものです。

これら3つの機能があるからこそ，貨幣はビジネスにおいても，私たちの日常生活においても欠かせないものとなっているのです。貨幣を中心に人々の生活に必要な財・サービスを生産し，分配し，消費するという活動が世界各国で行われています。貨幣が媒介することによって，企業と消費者の取引や企業間の取引を成立させています。ここで金融機関が果たす役割は，決済窓口となって預金者から預かった資金のうち，資金を必要とする企業や個人に審査を経て融通することにあります。

発展する交換手段

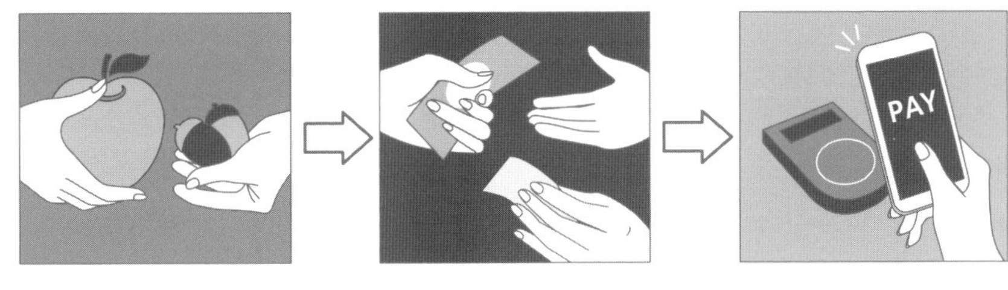

3 電子マネーのしくみ

いまや情報通信技術の進歩によって，国や地域を越えて電子決済が容易に可能な時代になっています。海外のインターネット上のサイトでショッピングする場合，貨幣単位の違いをあまり意識せずに決済でき，紙幣や硬貨を数えて支払うという手間も省けます。このような電子決済手段の発展は，ビジネスをより円滑にかつ効率的に遂行できる環境を整えました。

すでに社会に広く浸透している電子決済手段として，電子マネーがあります。**電子マネー**とは，利用前にあらかじめチャージを行うプリペイド方式の電子決済手段をいい[9]，電子的なデータのやりとりを通じて貨幣と同様に財・

サービスの取得が可能となります。特に，鉄道会社やコンビニ，小売・流通店舗などで活用されています。電子マネーの特徴は，電子マネー利用者が電子マネー発行者に対し，前もって資金を支払う必要があり，電子マネー発行者の信頼が担保されている前提に成り立っているしくみです。

図表2-2は電子マネーの一般的なしくみを示しています。以下では，利用者X，利用者Yおよび発行者Aとして説明します。電子マネー利用者Xは消費者，電子マネー利用者Yは消費者が商品等を購入する店舗，電子マネー発行者Aは電子マネーを発行する企業（交通系，コンビニ系など発行されるさまざま電子マネーの各発行主体）と考えてください。

まず，利用者X（消費者）は，発行者A（企業）に対して電子マネーの発行を請求し，その請求金額となる現金等を渡す代わりに電子マネーを発行者A（企業）から受け取ります。次に，利用者Xは入手した電子マネーを使って，財・サービスを利用者Y（購入店舗）から購入・取得します。最後に，利用者Y（購入店舗）は利用者X（消費者）から受け取った電子マネーを発行者A（企業）に渡し，その分の現金等を受け取ります。

図表2-2　電子マネーのしくみ

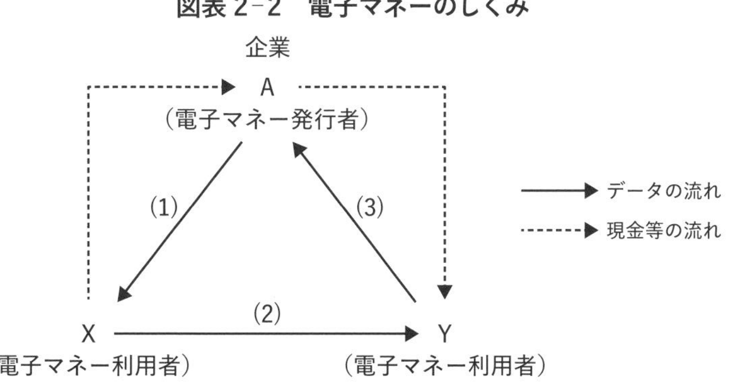

出典：日本銀行「電子マネーとは何ですか?」，https://www.boj.or.jp/about/education/oshiete/money/c26.htm（閲覧日：2023年10月22日）。

4 デジタル通貨の進化

(1) デジタル通貨の導入メリット

日本政府が「骨太の方針」を閣議決定（2021年6月18日）し，デジタル時代の官民インフラを5年で目指す方針を掲げたことを受け，デジタル通貨の実現可能性や法制面での検討が公式に始まっています[10]。財務省は同年4月に「CBDC（中央銀行デジタル通貨）に関する有識者会議」[11]を開いています。また日本銀行は2023年7月に「中央銀行デジタル通貨フォーラム」第1回会合を開催しました。作業部会[12]には，日本銀行，大手金融機関および民間企業から代表者が出席し，具体的な制度設計に関する検討を始めています[13]。このように，日本政府，わが国の貨幣を発行する日本銀行，関連省庁は，デジタル通貨を本格的に検討する動きをみせています。

現在日本国内で普及している電子マネーと，最近利用者が増え始めているデジタル通貨の特徴をまとめたのが，**図表2-3**です。デジタル通貨は決済手数料の必要がないため，電子マネーやクレジットカードのような加盟店のみの利用に限定されないというメリットのほか，決済のタイムラグが生じにくく，銀行口座にリアルタイムで反映されるというのも特徴となっています。

図表2-3　デジタル通貨と電子マネーのちがい

	デジタル通貨	電子マネー
利用機器	スマホ，ICカード	スマホ，ICカード
発行主体	日本銀行	民間企業
利用場所	限定がない	加盟店に限定される
決済手数料	かからない	かかる

出典：日本経済新聞「見えてきたデジタル円　スマホ・カード活用，保有上限も―動き出す中銀デジタル通貨㊤」（2023年10月23日付），https://www.nikkei.com/article/DGXZQOUB2062Q0Q3A021C2000000/（閲覧日：2023年10月23日）の記事をもとに筆者作成。

(2) デジタル通貨の導入デメリット

利便性の高いデジタル通貨ではありますが，デメリットもあります。デジタル通貨は決済手段として常時機能する必要があり，不正利用の防止やシステム攻撃への耐性，個人情報保護といった情報セキュリティ対策をじゅうぶんに講じる必要があります[14]。またプライバシーや権利の確保の観点も，デジタル通貨発行には重要な課題です。利用者に関する情報や取引に関する情報を適切に取り扱うこと，情報の取り扱いに制限を設けるといった法的措置の必要性が，すでにデジタルユーロの検討・準備が進んでいるといわれている欧州においても議論されています[15]。

さらに，金融システムの不安定性を招く危険性もあります。デジタル通貨の取引・保有制限がまったく設定されていない場合，金融機関から大量に預金が流出し，それによって金融システムの不安定性を招く危険性があると指摘されています。したがって，日本政府や各国の中央銀行にとって，デジタル通貨導入にあたっては，金融機関をつなぐシステムを安定させ，いかに維持管理していくのかが，大きな課題です。ひとたびシステム障害が生じれば，決済を行う個人や企業だけでなく，金融機関にとっても大きなダメージとなり，それが引き金となって金融不安を招きかねないからです。

中央銀行が発行する**デジタル通貨**（Central Bank Digital Currency，略称：CBDC）は，主な要件として，①デジタル化されている，②法定通貨建てである，③中央銀行の債務として発行されるといったものがあります。世界の通貨による決済ルールを司る国際決済銀行（Bank for International Settlements，略称：BIS）の報告書[16]によると，2030年ごろまでには15の国・地域の中央銀行は個人向けのデジタル通貨発行に踏み切る可能性が示唆されています。

(3) キャッシュレス決済の国民の動向と期待

すでに日本銀行が行った2018年調査において，2010年度から2017年度のデータにはなりますが，国民のキャッシュレス決済の動向が示されています。**図表2-4**はクレジットカード，デビットカード，電子マネーの決済金額の推移を表しています。キャッシュレス決済金額のうち，クレジットカードが大半を占めていることが読み取れます。**図表2-5**はキャッシュレス決済の年齢別利用割合を示していますが，20代から50代の89パーセントがキャッシュレス決済をすでに利用し，また複数の種類の決済手段を使っていることがわかります。決済金額が年々増加し，若者から勤労世代を中心に決済手段として活用している現状から，キャッシュレス決済がすでに普及していることを読み取る参考になるでしょう。

またキャッシュレス決済に対する国民の期待を表す証拠として，財務省が行った2022年度調査[17]を紹介します。決済金額が1,000円以下であれば，回答者の62パーセントが現金を用いていますが，決済金額が10,000円以上になってくると，回答者の63パーセントがクレジットカードを利用していると回答しています。キャッシュレス決済において実現してほしい点について「1つのキャッシュレス決済サービスだけで，どこでも支払いができるように

図表2-4　キャッシュレス決済金額の推移

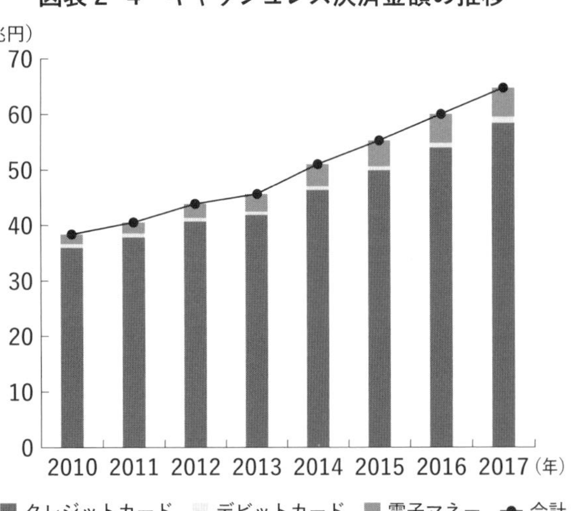

出典：日本銀行・決済機構局（2018）「キャッシュレス決済の現状」（9月）『決済システムレポート別冊シリーズ』5ページ，https://www.boj.or.jp/research/brp/psr/data/psrb180928a.pdf（閲覧日：2023年10月22日）をもとに筆者作成。

図表2-5　キャッシュレス決済の利用割合（20代～50代）

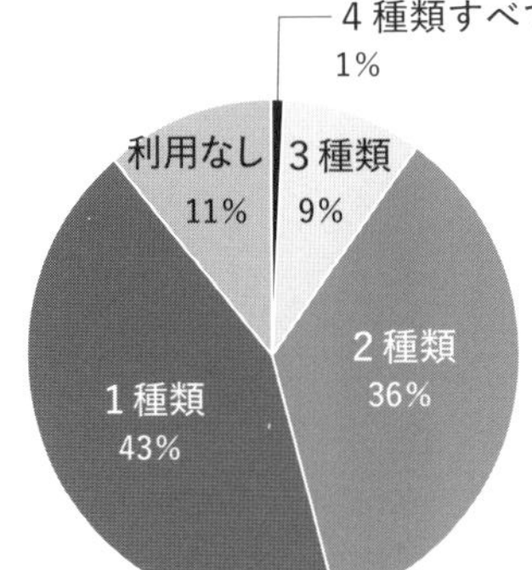

出典：日本銀行・決済機構局，同上書，13ページ，および日本銀行（2018）「『生活意識に関するアンケート調査』（第74回）の結果－2018年6月調査」（7月6日），https://www.boj.or.jp/research/o_survey/data/ishiki1807.pdf（いずれも閲覧日：2023年10月22日）をもとに筆者作成。

なってほしい」と回答した割合は全体の56パーセントにのぼり，次いで「安心して使えるように，セキュリティや個人情報の保護を強化してほしい」の37パーセントでした。

このような複数の調査結果によって，国民の決済手段に対する傾向や期待を知ることができます。キャッシュレス決済に対する全国的な導入に対する国民の期待が表れている一方で，セキュリティ面での懸念がみえてきます。ただし，「中央銀行デジタル通貨（CBDC）」については80パーセント以上が見聞きしたことがないと回答しており，日本銀行が検討を進めている国内でのデジタル通貨制度の導入と国民の理解という側面では，今後検討や周知に時間を要するといえるでしょう。

◀注・参考文献▶

1 日本銀行「お金の話あれこれ（2）お金をいろいろ比べてみたら…」，https://www.boj.or.jp/about/education/arekore2.htm#p01（閲覧日：2023 年 10 月 22 日）。

2 造幣局「現在製造している貨幣」，https://www.mint.go.jp/operations/production/production_kahei/operations_coin_presently-minted.html（閲覧日：2023 年 10 月 22 日）。

3 日本銀行「日本銀行はどのような業務を行っていますか？」，https://www.boj.or.jp/about/education/oshiete/outline/a02.htm（閲覧日：2023 年 10 月 22 日）。

4 財務省「通貨（貨幣・紙幣）」，https://www.mof.go.jp/policy/currency/index.html（閲覧日：2023 年 11 月 25 日）。

5 貨幣の起源と物々交換に関する諸説について検討した論文には，古川顕（2016）「貨幣の起源と物々交換（1）－ロー，マルクス，メンガー」『経済論叢』（京都大学）第 190 巻第 1 号，35-55 ページ，https://doi.org/10.14989/232766（閲覧日：2023 年 10 月 20 日）がある。

6 詳しくは，Sehgal, K.（2016）*Coined: The Rich Life of Money and How Its History Has Shaped Us*, John Murray Publishers Ltd（日本語訳として，セガール・カビール著，小坂恵理訳（2016）『貨幣の「新」世界史－ハンムラビ法典からビットコインまで』早川書房を参照）.

7 朝日新聞 GLOBE +，山本大輔「お金の起源，物々交換ではなかった？ 新説を生んだ『動かせないお金』」（2019 年 11 月 7 日付）。ミクロネシアのヤップ島に残る巨大なフェイという石に島民が互いの記録を刻むというしくみが現物の価値ある資産がなくても互いを信用し，記録であり，その記録がお金の起源とする説もある（山口揚平（2017）『新しい時代のお金の教科書』ちくまプリマー新書，筑摩書房を参照）。

8 貨幣の機能については，以下の情報を参考にした。一般社団法人全国銀行協会「お金の機能とは？」，https://www.zenginkyo.or.jp/article/tag-g/5228/（閲覧日：2023 年 10 月 20 日），みずほ証券・一橋大学「貨幣」ファイナンス用語集，https://glossary.mizuho-sc.com/faq/show/2205?site_domain=default（閲覧日：2023 年 10 月 23 日）。

9 日本銀行「電子マネーとは何ですか？」，https://www.boj.or.jp/about/education/oshiete/money/c26.htm（閲覧日：2023 年 10 月 22 日）。

10 国立印刷局 CBDC 研究会（2023）「中央銀行デジタル通貨（CBDC）に関するレポート（令和 4 年度）」（5 月），https://www.npb.go.jp/ja/guide/security/uploads/202306_cbdc.pdf（閲覧日：2023 年 10 月 23 日）。同資料は国立印刷局のウェブサイト・情報提供「その他」に掲載されている。

11 財務省（2023）「『CBDC（中央銀行デジタル通貨）に関する有識者会議』の開催について」（4 月 14 日），https://www.mof.go.jp/about_mof/councils/meeting_of_cbdc/20230414.html（閲覧日：2023 年 10 月 23 日）。

12 日本経済新聞「日銀，デジタル円の会合開催　ソフトバンクなど 60 社参加」（2023 年

7 月 20 日 付），https://www.nikkei.com/article/DGXZQOUB202A20Q3A720C2000000/（閲覧日：2023 年 10 月 23 日）。

13 植田和男（日本銀行総裁）（2024）「【挨拶】中央銀行デジタル通貨について知っておきたいこと―FIN/SUM（フィンサム）2024における挨拶」（3月5日），https://www.boj.or.jp/about/press/koen_2024/ko240305a.htm（閲覧日：2024 年 3 月 6 日）

14 財務省（2023）「論点整理③～セキュリティの確保と利用者情報の取り扱い等～」『第6回 CBDC（中央銀行デジタル通貨）に関する有識者会議 事務局説明資料』（10 月 13 日）スライド4ページ，https://www.mof.go.jp/about_mof/councils/meeting_of_cbdc/20231013jimukyokusiryou.pdf（閲覧日：2023 年 10 月 23 日）。

15 同上書，スライド 5-6 ページ。

16 Kosse, Anneke, Mattei, Ilaria (BIS) (2023) "BIS Paper No.136: Making headway - Results of the 2022 BIS survey on central bank digital currencies and crypto," *Monetary and Economic Department,* July 2023, p.l (paper: pp.1-30), https://www.bis.org/publ/bppdf/bispap136.pdf（閲覧日：2023年12月29日）. BISについては，BIS の WEB サイト「History-overview」, https://www.bis.org/about/history.htm?m=11, 日本語訳として日本銀行「BIS（国際決済銀行）とは何ですか？」https://www.boj.or.jp/about/education/oshiete/intl/&05.htm（いずれも閲覧日：同上）が参考になる。

17 クロス・マーケティング（財務省委託）（2023）「通貨に関する実態調査　令和4（2022）年度結果概要」（3月）14，21および23ページ，https://www.mof.go.jp/about_mof/mof_budget/release/itaku/seikabutsu/20230630tsuuka-1.pdf（閲覧日：2023 年 10 月 23 日）。

第3章

ブロックチェーンがビジネスを変える

1 ブロックチェーンとは

技術革新は私たちの社会や暮らし，そしてビジネスにさまざまな恩恵をもたらしています。「ブロックチェーン」という言葉を聞いたことがあると思います。ブロックチェーンや暗号化といった高度な技術が，新たな貨幣の形，すなわち仮想通貨（現在，法令上は暗号資産という用語で示される）を出現させました。では，ブロックチェーンとはいったい何なのでしょうか。

簡単に表現すると，**ブロックチェーン**とは一般的に「取引履歴（これをブロックという）を暗号技術によって過去から１本の鎖（チェーン）のようにつなげ，正確な取引履歴を維持しようとする技術」[1]ということができます（**図表 3–1**）。日本ブロックチェーン協会は，広義のブロックチェーンを「電子署名とハッシュポインタを使用し改竄検出が容易なデータ構造を持ち，且つ，当該データをネットワーク上に分散する多数のノードに保持させることで，高可用性及びデータ同一性等を実現する技術」[2]と定義しています。

ブロックチェーンには，管理者が運用するプライベート型，コンソーシアム型および管理者不在のパブリック型があります（**図表 3–2**）。パブリック型ブロックチェーンは，世界初の暗号資産である**ビットコイン**（Bitcoin，BTC）の発行を実現した技術です。ビットコインを含む暗号資産については，後の節で説明します。

図表 3–1　ブロックチェーンのしくみ（イメージ）

出典：経済産業省 商務情報政策局情報経済課（2016）「平成27年度　我が国経済社会の情報化・サービス化に係る基盤整備（ブロックチェーン技術を利用したサービスに関する国内外動向調査）」（平成28年4月28日）報告書概要資料3ページ，https://www.meti.go.jp/main/infographic/pdf/block_c.pdf（閲覧日: 2024年1月22日）。

図表3-2 ブロックチェーンの種類

	パブリック型	コンソーシアム型	プライベート型
	非パーミッション型	パーミッション型	
参加者（ノード）	不特定多数 （管理者なし）	信頼できる者・ 選ばれた者 （=管理者）	1組織（=管理者）
取引者	不特定多数	制度設計次第 （オープンにも特定者のみにもできる）	制度設計次第 （通常は特定者）
ネットワークへのアクセス	不特定多数	制度設計次第 （オープンにも特定者のみにもできる）	制度設計次第 （通常は特定者）
合意形成メカニズム	不特定多数によるマイニング	許可されたノードによる合意形成	自ら承認
コンセンサスアルゴリズム	PoW，PoSなど	BFT（Byzantine Fault Tolerance）など （→ノード数が既知で不正コード数に上限があるなどの条件下で機能するアルゴリズム）	
主な用途	仮想通貨	ビジネス一般	各種組織

出典：小野伸一（財政金融委員会調査室）（2017）「通貨の将来と仮想通貨の意義～デジタル化とブロックチェーンがもたらすもの～」『経済のプリズム』No.161（10月），10ページ，https://www.sangiin.go.jp/japanese/annai/chousa/keizai_prism/backnumber/h29pdf/201716102.pdf（閲覧日：2023年11月26日）。

アメリカの経済雑誌『フォーブス（Forbes）』では，ブロックチェーンを取り扱う世界の企業50社という興味深い記事が紹介されています[3]。その50社のうち日本企業で選ばれているのは，富士通（FUJITSU）とライン（LINE，現社名：LINEヤフー）[4]の2社であり，記載内容を抜粋して以下に示します。2社の事例からわかることは，ブロックチェーンが金融のみならず，さまざまな分野や場面で活用可能な技術であるという点です。

〈『フォーブス』「ブロックチェーン企業」の日本企業事例〉

富士通 FUJITSU
（本社・東京）
ブロックチェーン・プラットフォーム：ハイパーレジャーファブリック，ベイス，カクタス，イーサリアム

ベルギー・ブリュッセルの富士通ブロックチェーンイノベーションセンターにて，同社のブロックチェーン技術を使い，40社以上のクライアントと新たなアイデアを検証中。浄水会社のBotanical Water Technologiesとは，世界初の「水」追跡プラットフォームを構築。水が浄化され，販売，配送される過程を追跡することで，コーラメーカーや蒸留所の製造工程において通常廃棄される水を販売・再利用できる。

ライン LINE CORPORATION
（本社：東京，現社名：LINEヤフー，LY CORPORATION）
ブロックチェーン・プラットフォーム：ライン

社名と同じく「LINE」とよばれる独自のブロックチェーンを基盤に，暗号通貨取引所，NFTマーケットプレイス，25万4,000アカウントを擁するデジタルウォレットなどを提供。同社の暗号通貨LINKは100万人以上のマイナーを集める大ヒットとなった。ブロックチェーンサービス開発プラットフォームLINE Blockchain Developersでは，NFTアイテムなどのトークン発行といったサービス構築が簡単に行える。

2 ブロックチェーンの特性

先述したブロックチェーンの3つの種類のうち，ここでは，世界初の暗号資産ビットコインを生み出した要素技術であるパブリック型ブロックチェーンの特性を取り上げます。その特性には，次の5点があります（**図表3-3**）。

第一に，改ざんの困難さです。記録された取引は過去から記録され，データの改ざんや破壊がきわめて難しくなります。たとえ改ざんしようとしても，すべてのブロックを書き換える必要があり，ブロックチェーン参加者全体に相当する計算パワーが求められることから，ほぼ改ざんは不可能といわれて

図表3-3　ブロックチェーンの特性（パブリック型）

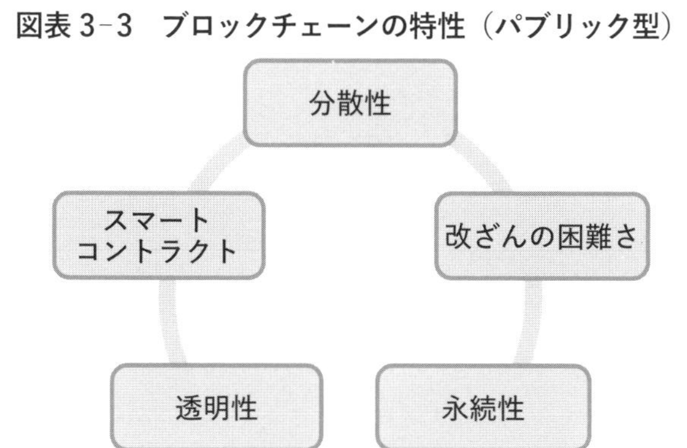

出典：経済産業省大臣官房 Web3.0政策推進室（2022）「Web3.0事業環境整備の考え方－今後のトークン経済の成熟から，Society5.0への貢献可能性まで」（12月16日）3ページ，https://www.meti.go.jp/shingikai/sankoshin/shin_kijiku/pdf/010_03_01.pdf（閲覧日：2023年10月25日）をもとに筆者作成。

います。

第二に，分散性です。分散型台帳とよばれるシステムですべての取引が管理されるため，複数の主体で完全な取引データを保持することができます。また現行の集中管理型システムで生じる障害や稼働停止などの影響を抑えることが可能です。

第三に，永続性です。安価にシステムを構築可能であり，システムの連続性が担保することができます。あるデータが破壊されたとしても，別の主体が安全なデータを保有することにより，企業の倒産等による影響を受けにくくなります。

第四に，透明性です。ブロックチェーン上のデータは公開が前提であり，利用者は特定されることなく閲覧可能です。

そして，第五に，スマートコントラクトです。広範囲の取引や契約管理のインフラとして活用することができ，プロセスや取引の自動化を実現します。このスマートコントラクトという特性は，ブロックチェーンを仮想通貨といった金融での活用にとどまらず，社会を変革するプラットフォームを提供するために役立てられています[5]。

3 暗号資産の誕生と発展

(1) ブロックチェーンが生み出した暗号資産

ビットコインは暗号資産（仮想通貨）の代表的なものです。サトシ・ナカモト（Satoshi Nakamoto）の論文[6]をもとにコア開発者たちにより開発・公開されたブロックチェーンのプログラムがビットコインの自動発行を実現しました。

ビットコインは次のような流れで発行されていきます[7]。「マイナー」とよばれる世界中のコイン採掘人が，10分に1回のペースで生成される「ブロック」（取引記録の集合体）を承認し，記録するために，ハッシュ値（任意のデータから一定の計算手順により求められた特定の長さの値）の計算競争を行い，競争に勝ったマイナーは対価として6ビットコインを受け取ります。このビットコインがさまざまな交換所において法定通貨と交換されて流通していくというしくみです。ビットコインの特徴については，野村総合研究所がまとめた内容を以下に記述しておきますので，参考にしてください。

〈ビットコインの特徴〉

1. 発行主体がなく，特定の国家や銀行に依存しない。
2. 世界中のどこでもだれとでも迅速に直接取引可能。
3. 取引の管理者がいない。ビットコイン利用者で取引を監視する仕組みがある。
4. 中央に管理者がいないため，銀行を通じた海外送金に比べて手数料が安い。
5. ビットコインの発行量の上限はあらかじめ決まっており，発行のタイミングも開示されている。
6. 価格が変動する（需給によって引き起こされ，値動きが激しい）。
7. 取引所・交換所を通じて円やドルといった通貨に換金ができる。

出典：野村総合研究所「ビットコイン」，https://www.nri.com/jp/knowledge/glossary/lst/ha/bit_coin（閲覧日：2023年10月25日）。

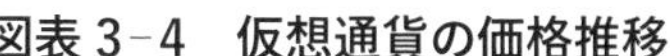

図表 3-4　仮想通貨の価格推移

出典：ロイター（REUTERS）「特集：仮想通貨」，https://jp.reuters.com/markets/cryptocurrency/（閲覧日：2023年11月25日）。

ビットコインは2009年に運用が開始されて以降，世界初の暗号資産（仮想通貨）として急速に普及していきました。2010年に2枚のピザが1万ビットコインで購入できた日にちなみ，毎年5月22日は「ビットコイン・ピザ・デー」というのだそうです[8]。当時，1万ビットコインは4,500円程度だったようですが，現状の価格推移はどうでしょうか。**図表3-4**は，世界の二大仮想通貨といわれるビットコインとイーサリアム（Ethereum, ETH）の1年（2023年11月24日までの1年）の価格推移を示しています。いずれも2023年10月に入ってから価格の急上昇がみられます。

(2) 暗号資産の発展

暗号資産は高度な技術革新によって出現した貨幣に代わる新たな財・サービスの交換手段として，国際送金手段として，また投資対象として支持されるようになりました。先述したとおり，2009年にビットコインが運用を始め，2013年には**イーサリアム**とよばれる新たなブロックチェーン技術が出現しました。この2つの暗号資産は世界二大ブロックチェーンがもたらしたとして有名です。

ビットコインでは情報の保存は取引情報の記録（分散台帳）に限定され，取引の自動化ができませんでしたが，イーサリアムでは取引情報の記録に加え，プログラムの記述が可能になりました。これにより，自動的に契約が執行されますので，自らの条件を設定した相手とのみ取引を行うことができるようになりました。プログラムが公開され，透明性が高いことも特徴であり，初めての契約相手であっても安心して自動取引が可能となり，個人や企業の取引能力が拡大することができます。これが，いわゆる**スマートコントラクト**（先の**図表 3-3** で示しています）であり，このような機能が仮想通貨の発展に寄与し，さらなる技術の進化につながっているようです。

世界における二大ブロックチェーン

(3) 企業による参入の難しさ

企業による暗号資産に対する参入も徐々にみられるようになりました。メッセンジャーアプリの“LINE”を提供するラインヤフー（LINE ヤフー，2023 年 10 月発足，旧社名：LINE）もまた暗号資産リンク（LINK，略称：LN）に参入する企業の 1 つであり，2018 年に発行を開始しています[9]。2023 年上旬にはリンクからフィンシア（FINSCHIA，略称：FNSA）と名称変更され，ラインのモバイル送金や決済サービス「LINE Pay」による加盟店での決済に活用されています[10]。フィンシア（旧：リンク）には同グループが独自に開発したプライベート型ブロックチェーンが活用されています。特定の管理者が運営し，利用者が限定されているのがプライベート型の特徴です。

一方，暗号資産への参入を断念した事例もあります。アメリカのメタ（Meta，旧社名：フェイスブック，Facebook）が発行する「リブラ（Libra）」については，2019年6月にリブラの発行計画が公表された当初，すでに発行されている暗号資産とは性質のまったく異なるものとして，歓迎と懸念の両方の声があがり大きな話題となりました[11]。そのちがいとは，グローバルな通貨となりうる点，価値安定のための主要法定通貨バスケットの複数の通貨を加重平均してつくられた安定的な通貨単位に連動する点，そして大手プラットフォーマーが主導する点です[12]。このようなちがいがリブラ発行に対する懸念の要因になっています。

フェイスブックや関連アプリのインスタグラム（Instagram），メッセンジャーアプリのワッツアップ（WhatsApp）などの世界における利用者は，2019年当時で27億人に達し，世界の総人口の約3分の1に相当する規模となっていました。アプリの利用者がリブラを活用するとなると，支払手段として世界各国にわたり急速に拡大する可能性があり，それが金融システムの不安定化や金融政策の有効性を低下させる要因につながるとして，リブラ発行に対する反発や懸念がアメリカ政府や各国の規制当局を中心に生じたほか，資金洗浄（マネー・ロンダリング）や犯罪への悪用[13]や，プライバシーやセキュリティの面で不安な要素があるとの指摘も出始めました。当時のフェイスブックが大規模な個人データ流出問題を起こした企業であったことも，まだ記憶の新しいところだったというのもあります。

そのような状況を受け，メタはリブラ発行計画を撤回し，2020年12月にディエム（Diem）という新たなデジタル通貨の名称に変更する方針転換を行いました[14]。しかし，最近になってそのディエム発行は断念されるという報道がなされています[15]。断念する最大の理由として，ディエムCEOのスチュワート・レヴィ（Stuart Levey）は，規制当局との対話から計画を進められないことが判明した点をあげています[16]。

暗号資産がショッピングや送金の決済手段として広く利用される機会が増えていますが，その流通量が増えるにつれ，仮想通貨の特性から取引をめぐってさまざまな問題や弊害が生じています。個人間送金の容易性や自由度の大きさは，その分匿名性を生み出し，マネー・ロンダリングや犯罪に悪用されるという事例が認識されるようになりました。

仮想通貨は法定通貨ではなく，貨幣価値を裏づける資産をもっていません。したがって，仮想通貨の価値は大きく変動する可能性がじゅうぶんにあります。また無登録で仮想通貨の交換サービスを行う事業者が出現しています。利用者に対して取引に必要な説明や情報提供なしに取引を進め，トラブルになるケースも生じています。仮想通貨による詐欺や悪質商法にも注意が必要です。種類が豊富な仮想通貨だからこそ，利用者は慎重にならなければなりません。

暗号資産の取引には慎重な姿勢で

4 暗号資産の性質と法制度

(1) 定義

仮想通貨はブロックチェーン技術によって生み出された成果です。情報通信技術の飛躍的な進化によりこれまでの伝統的な貨幣の概念とは異なる性質を有し，物理的な形態をもたないのが，仮想通貨です。その後，国際動向などを踏まえ，仮想通貨という呼称は，法令上「暗号資産」でよばれるようになりました。法律第59号の改正（2020年5月1日施行）による呼称変更です[17]。暗号資産の利用者および事業者に向けた関連法制度や情報については，金融庁ウェブサイト（www.fsa.go.jp/policy/virtual_currency/index.html）において更新されていますので，確認してみるとよいでしょう。

ここで，貨幣と暗号資産のちがいを整理します。伝統的な貨幣は，国が定めた公的機関によってのみ発行が認められ，管理されていることから，その点において利用者にとっては信頼性が担保されているといえます。日本では日本銀行が貨幣の発行主体です。一方，暗号資産（仮想通貨を含む）は，金融機関を介さずにインターネット上でやりとりできる財産的価値であるものの，紙幣や硬貨といった貨幣の物的な形態はありません。ブロックチェーンや暗号化の高度な技術を基礎としたしくみによって発行・流通するものです。なお，暗号資産の定義は以下のとおりです。

〈暗号資産（仮想通貨を含む）の定義〉

1）不特定の者に対して，財・サービスの代金支払い等に使用することができ，かつ，法定通貨（日本円や米国ドル等）と相互に交換できる
2）電子的に記録され，移転できる
3）法定通貨または法定通貨建ての資産（プリペイドカード等）ではない

出典：日本銀行「暗号資産（仮想通貨）とは何ですか?」，https://www.boj.or.jp/about/education/oshiete/money/c27.htm，金融庁（2017）「利用者向けリーフレット：『仮想通貨』に関する新しい制度が始まります。」（4月），https://www.fsa.go.jp/common/about/20170403.pdf（いずれも閲覧日：2023年10月24日）。

(2) 法整備

暗号資産は，法律第59号「資金決済に関する法律」（2009（平成21）年6月24日）[18]において上記の性質を有するものと定義されています[19]。法律第59号のほか，関連する国内法令としては政令第19号「資金決済に関する法律施行令」（2010（平成22）年3月1日）[20]，内閣府令第7号「暗号資産交換業者に関する内閣府令」（2017（平成29）年3月24日）[21]があります。改正資金決済

法等の2017年4月施行により，暗号資産の交換業者に登録制が導入され，また利用者への適切な情報提供を求めるといった交換業者に対する義務化を通じて，利用者保護の観点からみた法整備の強化が進められています[22]。

法改正の背景に，暗号資産取引所を運営する，東京に本社をおくマウントゴックス（Mt. Gox）が2014年に経営破綻[23]したこともあります。マウントゴックスはジェド・マカレブ（Jed McCaleb）が2009年に日本で創業した企業であり，2010年よりビットコイン取引事業を始め，一時は世界最大級の取引所に成長していました。ところが，2014年2月に同社サーバーへのハッキングを受け資金が流出し，取引の全面停止に陥り，4月には経営破綻しました。当時の価値で約5億ドル（2022年7月の為替換算で約680億円に相当）と85万ビットコイン（当時の価値で約470億円相当）とともに消失したといわれています。

(3) 国の施策

利用者保護やマネー・ロンダリング対策の観点から，政府は国内で仮想通貨と法定通貨の交換サービスを行う事業者ならびに利用者の金銭や仮想通貨を管理する業務を担う事業者に対して，仮想通貨の取り扱いを行うための複数の要件を課しています（**図表3-5**）。

第一に，登録制が導入されている点です。金融庁・財務局の登録を受けた事業者のみが，日本国内において仮想通貨交換サービスを行うことができます。

第二に，利用者に対する情報提供を適切に行う必要がある点です。交換サービスを行う事業者は，取り扱う仮想通貨の種類やしくみ，仮想通貨の特性や手数料等の契約内容の情報を利用者に提供することが求められます。

第三に，利用者の財産を分別して管理する点です。事業者は利用者から預かった金銭・仮想通貨と，事業者自らの金銭・仮想通貨をそれぞれ明確に区別して管理しなければなりません。

第四に，取引に際して利用者の公的書類を確認する点です。口座開設時や

図表3-5　事業者に対する要件

登録制の導入	適切な情報提供
財産の分別管理	公的書類の確認

出典：金融庁（2017）「利用者向けリーフレット：『仮想通貨』に関する新しい制度が始まります。」（4月），https://www.fsa.go.jp/common/about/20170403.pdf（閲覧日：2023年10月24日）をもとに筆者作成。

200万円を超える仮想通貨の交換・現金取引，10万円を超える仮想通貨の移転（送金）において，事業者は利用者の運転免許証といった公的証明書を確認することが必要です。

5 ブロックチェーンがビジネスや企業へ与えるインパクト

ブロックチェーンはもともと仮想通貨のビットコインを実現するために生まれ，その後発展や改良が進んでいます。金融機関の業務やシステムへの活用のみならず，多種多様な幅広い分野において革新をもたらし，またビジネスや産業構造，企業経営を変えるインパクトを有することが期待される技術として，ブロックチェーンへの注目が集まっています。

ブロックチェーンがインターネットだけでは実装できなかった仲介者を要しない価値の共創や保存，交換を可能にするなど，その影響力は今後ますます広がっていくことが期待されます。あらゆる価値がデジタル化され，ボーダーレスに価値のやりとりが容易になります。また取引時間や取引にかかるコストが中長期的には減少につながるでしょう。そして，何よりも経済的な

図表 3-6　Web3.0 の時代へ進化する

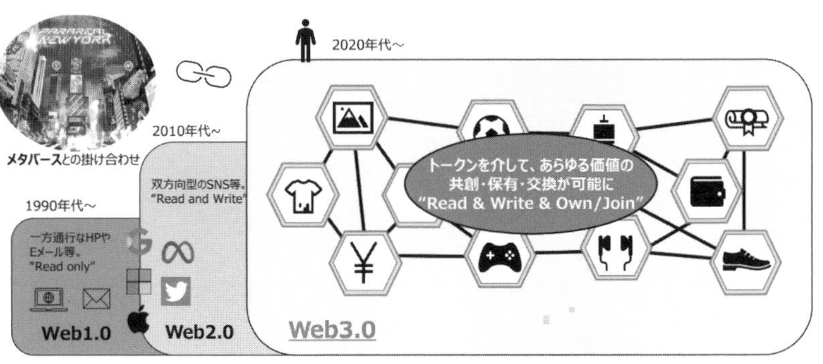

出典：経済産業省大臣官房 Web3.0政策推進室，前掲書，11ページ。

インセンティブを人々に付与する可能性があります。

図表 3-6 は，経済産業省が示す Web3.0 を示しています。**Web3.0** とは，「ブロックチェーン上で暗号資産等のトークンを媒体とした価値の共創・保有・交換を行う経済」（いわゆるトークン経済）をいいます。簡単にいうと，Web3.0 はブロックチェーンが実現する新たなデジタル経済のしくみのことです。ブロックチェーンの潜在的価値を表す例として，Web3.0 で最もよく活用されるブロックチェーンを手がけるイーサリアムファウンデーション（Ethereum Foundation）は，イーサリアムを暗号通貨と表現せず，人間のコーディネーションのプロトコルである（原文一部抜粋「Ethereum is a protocol for human coordination」）と定義しています[24]。

国際的な暗号資産の普及を踏まえ，金融庁は 2021 年 7 月 9 日に「デジタル・分散型金融への対応のあり方等に関する研究会」（https://www.fsa.go.jp/singi/digital/）を設置し，ステーブルコインの実用化に向けた検討を進めています[25]。金融審議会「資金決済ワーキング・グループ」が 2022 年 1 月 11 日にステーブルコインに関する報告を行い，その報告を踏まえた法改正の法律案「安定的かつ効率的な資金決済制度の構築を図るための資金決済に関する法律等の一部を改正する法律案」を 2022 年 3 月 4 日に提出する動きにつながっています[26]。**ステーブルコイン**とは，海外における電子的支払手段をいい，暗号資産の発行・流通取引が増加するにつれ，規制や監督・監視のしくみを高水準で求める国際的な動きにつながっています[27]。

このようにWeb3.0をめぐる動きについては，利用者保護の観点から法制度の整備や情報セキュリティ対策といったじゅうぶんな議論や検討，さらには見直しが適宜行われると予想されます。ブロックチェーンが実現する社会へのインパクトは，取引ややりとりを仲介する組織やしくみそのものを不要にしてしまうほど大規模かつ広範囲に及ぶ変革をもたらすかもしれません[28]。一方で，私たちがかつて経験したことのない影響やダメージを社会や経済にもたらす恐れがあり，法制度やしくみの整備が間に合っていない現状の問題もあります。

◀注・参考文献▶

1 一般社団法人全国銀行協会「教えて！くらしと銀行」ブロックチェーンって何？，https://www.zenginkyo.or.jp/article/tag-g/9798/（閲覧日：2023年10月25日）。

2 一般社団法人日本ブロックチェーン協会（2016）「『ブロックチェーンの定義』を公開しました」（10月3日），https://jba-web.jp/news/642（閲覧日：2024年2月20日）。

3 マイケル・デル・カスティージョ「米フォーブスが選ぶ世界の『ブロックチェーン50社』2022年版」『フォーブス』（2022年9月22日），https://forbesjapan.com/articles/detail/50111/page3（閲覧日：2023年11月25日）。なお，同記事はForbes JAPAN No.095 2022年7月号（2022年5月25日発売）に掲載されている。

4 LINEは2023年10月1日にヤフーグループ内の事業再編を行い，「LINEヤフー」（英文社名：LY Corporation）として事業を開始している。本再編には，Zホールディングス株式会社，LINE株式会社，ヤフー株式会社，Z Entertainment株式会社およびZデータ株式会社が含まれる。詳細は，LINEヤフー株式会社「『LINEヤフー株式会社』発足」，https://www.lycorp.co.jp/ja/news/release/000846/（閲覧日：2023年11月24日）を参照。

5 柏木亮二（野村総合研究所）（2015）「ブロックチェーンの仕組みとその可能性」『金融ITフォーカス』（2015年10月号），15ページ。

6 Satoshi Nakamoto（2008）*Bitcoin: A Peer-to-Peer Electronic Cash System*, https://bitcoin.org/bitcoin.pdf（閲覧日：2023年10月25日）.

7 経済産業省大臣官房Web3.0政策推進室（2022）「Web3.0事業環境整備の考え方－今後のトークン経済の成熟から，Society5.0への貢献可能性まで」（12月16日）3ページ，7ページ，https://www.meti.go.jp/shingikai/sankoshin/shin_kijiku/pdf/010_03_01.pdf（閲覧日：2023年10月25日）。

8 野村総合研究所「ビットコイン」，https://www.nri.com/jp/knowledge/glossary/lst/ha/bit_coin（閲覧日：2023年10月25日）。

9 LINE株式会社（2018）「（開示事項の経過）独自の暗号資産『LINK』取り扱い開始日について」（8月4日），https://d.line-scdn.net/stf/linecorp/ja/ir/all/LINE_20200804_JP.pdf（閲覧日：2023年11月24日）。フィンシア（旧リンク）の発行では，LINEヤフーグループのLINE TECH PLUS PTE. LTD.（略称：LTP）が発行元，LINE BITMAXが仮想通貨取引所をそれぞれ担っている。なお，LINEヤフーグループの暗号資産に関する事業はLVCが行っている。

10 LINE BITMAX（https://www.bitmax.me/）を参照。

11 周藤一浩（野村総合研究所）（2019）「Facebook主導の暗号通貨リブラ－デジタル決済通貨の仕組みと課題」『金融ITフォーカス』（2019年9月号），14ページ，https://www.nri.com/-/media/Corporate/jp/Files/PDF/knowledge/publication/kinyu_itf/2019/09/itf_201909_7.pdf?la=ja-JP&hash=56551FC23B6C48B5E7E13CB5B3CFB16FAF932B2F（閲覧日：2023年11月24日）。

12 東洋経済ONLINE，印南敦史「Facebookの通貨『リブラ』に世界が震撼した理由－価格変動しにくい仮想通貨は何を目指すのか」（2020年1月7日），https://toyokeizai.net/articles/-/321756（閲覧日：2023年11月24日），および小学館　日本大百科全書（ニッポニカ）「通貨バスケット」コトバンク，https://kotobank.jp/word/通貨バスケット-775285#w-1564242（閲覧日：2024年2月23日）。

13 CANONサイバーセキュリティ情報局「KEYWORD ENCYCLOPEDIA」暗号資産（仮想通貨），https://eset-info.canon-its.jp/malware_info/term/detail/00113.html（閲覧日：2023年10月25日）。

14 柏木亮二（野村総合研究所）（2021）「Diem（旧Libra）は終わったか？」4ページ，https://www.nri.com/-/media/Corporate/jp/Files/PDF/knowledge/publication/kinyu_itf/2021/11/itf_202111_4.pdf?la=ja-JP&hash=D2CBF4706702DFDB38CF9D6028CC215A62D406B4（閲覧日：2023年9月15日）。

15 日本経済新聞「デジタル通貨の旧リブラ，発行断念へ　資産売却と米報道」（2022年1月27日），https://www.nikkei.com/article/DGXZQOGN27ARX0X20C22A1000000/（閲覧日：2023年11月24日）。

16 Diem（2022）*Statement by Diem CEO Stuart Levey on the Sale of the Diem Group's Assets to Silvergate*, January 31, https://www.diem.com/en-us/updates/stuart-levey-statement-diem-asset-sale/，および西山里緒（2022）BUSINESS INSIDER「なぜフェイスブックは仮想通貨Diemを断念したのか？ コインベース日本法人に聞く」（2月17日），https://www.businessinsider.jp/post-250656（いずれも閲覧日：2023年11月24日）。

17 金融庁（2021）「暗号資産（仮想通貨）に関連する制度整備について」（4月7日），https://www.fsa.go.jp/policy/virtual_currency/20210407_seidogaiyou.pdf，https://www.fsa.go.jp/common/about/20170403.pdf を参照（いずれも閲覧日：2023年11月24日）。

18 Japanese Law Translation, https://www.japaneselawtranslation.go.jp/ja/laws/view/4395（閲覧日：2023年10月24日）.

19 日本銀行「暗号資産（仮想通貨）とは何ですか？」，https://www.boj.or.jp/about/education/oshiete/money/c27.htm（閲覧日：2023年10月22日）。

20 Japanese Law Translation, https://www.japaneselawtranslation.go.jp/ja/laws/view/4316（閲覧日：2023年10月24日）.

21 Japanese Law Translation, https://www.japaneselawtranslation.go.jp/ja/laws/view/3353（閲覧日：2023年10月24日）.

22 金融庁（2017）「利用者向けリーフレット：『仮想通貨』に関する新しい制度が始まります」（平成29年4月）を参考にした。

23 日本経済新聞「マウントゴックス破綻 ビットコイン114億円消失」（2014年2月28日付），https://www.nikkei.com/article/DGXNASGC2802C_Y4A220C1MM8000/（閲覧日：2023年10月24日），およびブルームバーグ（Bloomberg）「マウントゴックス債権者，弁済受領に近づく－ビットコイン処分売りも」（2022年7月8日），https://www.bloomberg.co.jp/news/articles/2022-07-07/REO33BDWLU6801（閲覧日：2023年10月24日），原文 "Mt. Gox Creditors Inch Closer to Repayment as Bitcoin Dump Looms" の一部抜粋。

24 Ethereum foundation（2022）*Ethereum Foundation Report*, April 18, 2022, p.8, https://ethereum.foundation/report-2022-04.pdf（閲覧日：2023年11月25日）.

25 金融庁（2022）「第7回デジタル・分散型金融への対応のあり方等に関する研究会」「事務局資料」（10月4日），https://www.fsa.go.jp/singi/digital/siryou/20221004/jimukyoku.pdf（閲覧日：2023年11月25日）。

26 金融庁（2022）「第5回デジタル・分散型金融への対応のあり方等に関する研究会」「事務局説明資料」（6月6日）6-9ページ，https://www.fsa.go.jp/singi/digital/siryou/20220606/jimukyoku.pdf，および渥美坂井法律事務所・外国法共同事業（金融庁委託調査）（2022）「海外（米国）のステーブルコインのユースケース及び関連規制分析に関する調査報告書」4ページ，https://www.fsa.go.jp/common/about/research/20220603/2022report_stablecoin.pdf（いずれも閲覧日：2023年11月25日）。

27 金融庁（2023）「金融安定理事会による暗号資産関連の活動・市場及びグローバル・ステーブルコインに関するハイレベル勧告等の公表について」（7月27日），https://www.fsa.go.jp/inter/fsf/20230726/20230721.html（閲覧日：2023年11月25日）。

28 三谷慶一郎，小田麻子（NTTデータ経営研究所）（2023）「情報未来研究会レポート Web3がもたらす社会変革」『情報未来』No.71（3月），44ページ。

第 4 章

情報を駆使する

1 インターネットでつながる社会

本テキストで対象とする情報とは，ビジネスやマネジメントに活用される，多岐に及ぶデータや資料を指します。日々進化する情報の役割や特性を理解したうえで，情報がもたらすビジネスの進化やビジネスを展開する企業の情報活用について学ぶことが大切です。本章の学びは，情報がビジネスや企業の経営においてどのように関わり，またいかに重要であるかをテーマにしています。

世界中のコンピュータなどの情報機器は，インターネットを介してネットワークにほぼ常時接続されています。環境が整ってさえいれば，人間は遠く離れた人々といとも簡単にコミュニケーションをとることができます。国内においても通信環境の整備が進み，家庭や職場でインターネットを活用する機会が増えています。総務省の2022年度調査によれば，過去1年間にインターネットを利用した人がいる世帯の割合は全体の88.3パーセントに達しています[1]。どのような機器を用いてインターネットにアクセスしたかに関しては，すでにスマートフォン（通称スマホ）がパソコンやタブレット端末等の機器に比べ最も多く，インターネット利用者のうち90パーセントを超えています（**図表4-1**）。

ブロードバンド（broadband）化が進み，高速かつ大容量の回線を介して求める情報やサービスの範囲が広がり，また映画やテレビ番組などの動画視聴を可能にしています。個人が普段から持ち歩くスマートフォンは，外出先でも手軽にWi-Fiに接続ができ，インターネットによる情報検索を行ううえで便利なツールです。国内における個人，企業のインターネット接続回線のうち，ブロードバンド回線の接続状況（2022年）を示したものを図表で示します（**図表4-2**）。企業の**ブロードバンド回線**（高速・超高速通信を可能とする回線）は2022年で95.6パーセントに達し，特に光回線が着実に整備されていることがわかります。企業はビジネスを担い，経営を行うにあたって，もはやインターネットを活用することは不可避な状況であるといえるでしょう。また個人（世帯）においても，光回線やケーブルテレビ（CATV）といったブロードバンド回線の整備が92.0パーセントを示し，インターネット利用環境が向上しています。

最近では，ソーシャルネットワーキングサービス（Social Networking Service, 略称：SNS）等を利用している企業・個人の割合がともに増加しています。企業がSNSを利用する目的としては，商品や催物の紹介や宣伝，定期的な情報提供，会社案内や人材募集などがあげられますが，個人は従来からの知人とのコミュニケーションや知りたい情報を探すといった利用目的があるようです。いずれにせよ，このような通信で結ばれた社会は，すでにさまざまな情報であふれているといえるでしょう。

企業はビジネスを成功させるため，さまざまな情報を集め，分析し，その結果を経営活動に生かしています。多岐にわたる情報を常にデータ化して管

図表4-1　インターネット利用機器（個人）

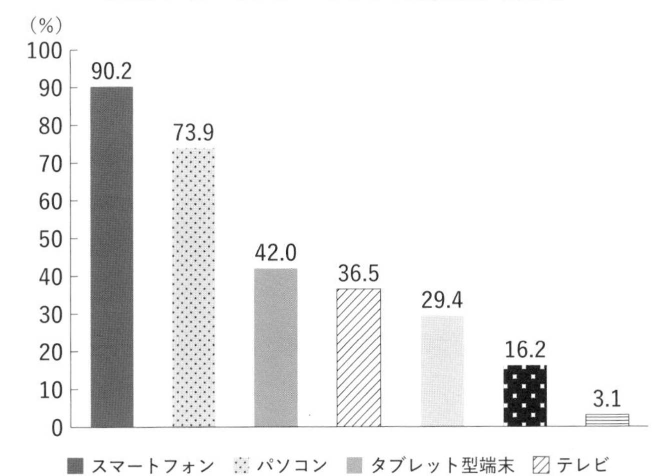

出所：総務省（2022）「令和4年 通信利用動向調査報告書（世帯編）」12ページ，https://www.soumu.go.jp/johotsusintokei/statistics/pdf/HR202200_001.pdf（閲覧日：2023年10月27日）をもとに筆者作成。

図表 4-2　ブロードバンド回線，光回線の整備状況

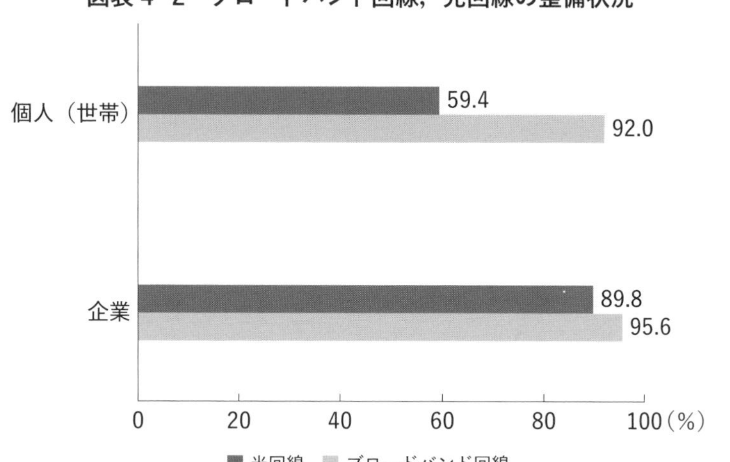

出典：総務省（2022）「令和4年 通信利用動向調査報告書（企業編）」2ページ，https://www.soumu.go.jp/johotsusintokei/statistics/pdf/HR202200_002.pdf，総務省（2022）「令和4年 通信利用動向調査報告書（世帯編）」13ページ，https://www.soumu.go.jp/johotsusintokei/statistics/pdf/HR202200_001.pdf（いずれも閲覧日：2023年10月27日）をもとに筆者作成。

理しています。例えば「どの商品がいくつ，いくらで売れたのか？」，「今年度の終わりに売れ残った商品はいくつあるか？」，「今月中に何人の来客があったか？」等々です。来年以降の商品の売れ行きやもうけについて予測し，少しでも無駄を省き，効率的に利益を増やすためです。情報を上手に集め，分析する技術や戦略が，ビジネスには欠かせないのです。

2 情報の利用価値

企業はもちろん自社だけでなく，ライバル会社の動向，消費者の好みや流行・トレンドも情報として集める努力を日々続けています。なぜなら，ビジネスは常に競争にさらされているからです。ビジネスの発展は私たちの生活や暮らしを向上させてきましたが，その一方で生み出された商品や製品が多種多様になり，また多機能化する中で，消費者は購入の選択肢をもつ機会が増え，年々自らの手持ち資金を使うにあたって慎重になってきています。イ

ンターネットを活用したスマートな消費を行う人々、いわゆるスマート・コンシューマーが増えています。

購入しようとする商品がある場合，情報検索能力を駆使してインターネットを介し，さまざまな情報を集め，複数の類似商品の価格から特徴，使い勝手といった点を吟味します。すでにその商品を購入した人々が更新したレビューも参考情報として活用します。品定めに収集した情報を活用し，最終的に納得した商品を購入するという流れです。

一方，商品を販売する側の企業は，スマート・コンシューマーが自社の商品に興味・関心を持ち，購入に至ってくれるよう，インターネット上のサイトの情報を充実させておく必要があります。商品紹介を行うサイトにアクセスしたスマート・コンシューマーが商品情報を理解し，購入を決めるためには，インターネットサイトのデザインや表示にも工夫を凝らさなければなりません。

ビジネスは私たちの暮らしや生活に欠かせないものです。どのようなビジネスであっても，消費者の購買行動を情報として蓄積し，利益を生みだすからこそ，将来にわたって展開できます。ビジネスを営む企業は，経営の次なる手，つまり戦略を練り，資金を効率的に活用することによって，経営活動を安定させるためにさまざまな情報を駆使しなければなりません。情報技術の進化により，情報の利用価値がますます高まっています。

3 情報の特性と定義

(1) 現代の情報が有する特性

私たちがインターネットを介して入手・利用する情報の４つの特性については諸説がありますが，そのうち１つを本書では取り上げます（**図表 4-3**）[2]。第一に，「複製性」です。情報は複製可能であり，多くの人々に伝わり，広がります。第二に，「個別性」です。情報は利用者（受信者）の環境によって意味合いが変容します。第三に，「恣意性」です。情報には発信者の意図や

図表 4-3　インターネット上の情報の特性

複製性 ＞ 個別性 ＞ 恣意性 ＞ 残存性

出典：髙橋慈子，原田隆史，佐藤翔，岡部晋典（2020）『【改訂新版】情報倫理－ネット時代のソーシャル・リテラシー』技術評論社，33-34ページをもとに筆者作成。

意見が含まれます。第四に，「残存性」です。一度発信された情報を完全に消去することはできません。

(2) ビッグデータの定義

最近注目されているキーワードに「ビッグデータ」(Big data) があります。ビッグデータという概念自体は2000年初期に誕生したといわれています。その用語自体，特に統一された定義はありませんが，単にデータ量が多いという意味だけにとどまらない要素を含んでいます。これまで企業がさまざまなデータを情報として扱ってきましたが，ビッグデータはそれをはるかに超える膨大かつ多様であり，インターネットの普及と情報技術の進化によって生み出されるデータと解釈するとよいでしょう。

総務省は「平成 29（2017）年版 情報通信白書」において，**ビッグデータ**を次のように定義しています。すなわち「デジタル化の更なる進展やネットワークの高度化，また，スマートフォンやセンサー等 IoT 関連機器の小型化・低コスト化による IoT の進展により，スマートフォン等を通じた位置情報や行動履歴，インターネットやテレビでの視聴・消費行動等に関する情報，また小型化したセンサー等から得られる膨大なデータ」[3] です。

図表 4-4 は，ビッグデータの特性を示しています。当初ビッグデータは，量（Volume）や更新速度（Velocity），データの種類（Variety）という 3 つの特性の頭文字をとった 3Vs の特性をもつデータとして知られていました[4]。その後，3Vs に価値（Value）を加えた 4Vs が広く認識されるようになっています[5]。何より取り扱うデータの量と種類が豊富であるのに加え，急速に生み

図表 4-4　ビッグデータの進化

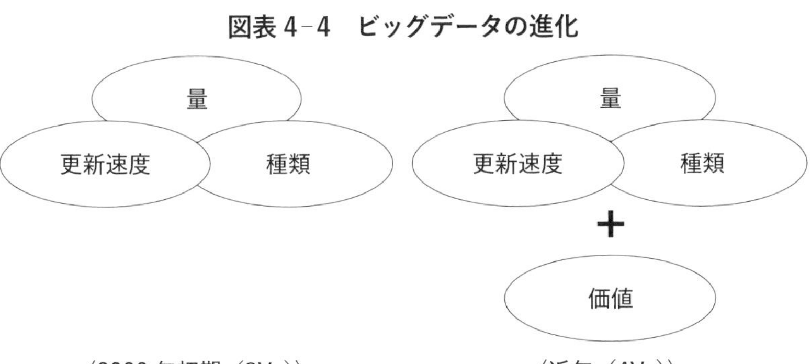

出典：OECD (2013) "Exploring Data-Driven Innovation as a New Source of Growth: Mapping the Policy Issues Raised by 'Big Data' " *OECD Digital Economy Papers*, No.222, OECD Publishing, Paris, p.11 (2013-06-18), http://dx.doi.org/10.1787/5k47zw3fcp43-en（閲覧日：2023 年10 月24 日）. Chen, M., Mao, S., and Liu, Y. (2014) "Big data: A survey," Mobile Networks and Applications, 19 (2), pp.171-209. および NIRA 総合研究開発機構・ドイツ日本研究所（DIJ）（2019）「21世紀の『資源』：ビッグデータ」『NIRA オピニオンペーパー』43号（2月），1ページ（論文：1-10ページ），https://www.jstage.jst.go.jp/article/niraopinion/43/0/43_43/_pdf/-char/ja（閲覧日：2023年10月27日），および日立ホームページ「ビッグデータへの道」，https://www.hitachi.co.jp/products/it/bigdata/column/column01.html（閲覧日：2023年4月12日）をもとに筆者作成。

出されるデータに隠された価値をどうやって見出すかが最大の関心事となっています。なお，4 つめの V については，価値ではなく，正確性（Veracity）と考える見方もあるようです[6]。

Google や Facebook といった Web サービス事業者が行っているサービスは，いずれも Web 上にある文章や画像のデータに基づき，データの精度というよりもむしろスピードを重視しています。社内のデータに加え，Web 上にある他社のデータも取り扱うことができるため，ビジネスで活用されるデータの情報量や種類がこれからも増え続けることが予想されます。安価でエネルギー密度の高い資源として，あらゆる分野で活用され，20 世紀以降の経済発展を支えた「石油」が世界に与えたインパクトをはるかに超える可能性をビッグデータは有しているとして，「21 世紀の石油」と表現されるほどです[7]。

(3) ビッグデータの課題

ビッグデータが有する可能性にさまざまな分野で期待が高まっている反面，ビジネスにおける活用に向けては複数の課題があります。第一に，データを取り扱うことが難しいという点です。多岐多様にわたる膨大な量のデータであるため，適切に取り扱い，分析できるかがポイントとなります。第二に，情報倫理（information ethics）を有するデータの担保という点です。収集データから倫理，モラル，偏見の情報を排除しておく必要があります。

ビッグデータの分析による経営判断は，データそのものの理解が適切に行われてはじめて有用です。仮に，データの誤った解釈による意思決定が行われた場合，企業の経営基盤を揺るがしかねない事態になります。このようなビッグデータ活用については，課題解決のプロセスに関わる多様なステークホルダーや，人材育成のプロセスにおける指導者などが一同に会し，情報と知識，価値観や目的，哲学を共有できる場が重要であるとされています[8]。

(4) データと情報のちがい

ここで情報に関連する基本用語として，データ（data），情報（information），知識（knowledge），知能（intelligence）という4つの用語について，それぞれの意味を確認しておくことにしましょう。その際，経営情報学の専門家である関口恭毅の研究で分類された，Oxford Dictionary と広辞苑に基づく定義と含意を参考にします（**図表4-5**）。

重要なことは，情報は役に立つ内容を有することが期待される形式情報である点です。4つの用語において，基本的に私たちが利用する日本語の「情報」を示す英語の information は，data と knowledge の大部分を含む広い含意をもち，それと同様に，日本語の情報はデータと知識の大部分を占める広い含意をもつといえます。

一方，英語と日本語では含意に微妙なニュアンスのちがいがあり，日本語の情報は「やって来るもの」という意味合いが強く，「提供されているもの」が含まれる英語の information とは重なっていない点があります。役に立っ

図表4-5　4つの用語の整理（データ，情報，知識，知能）

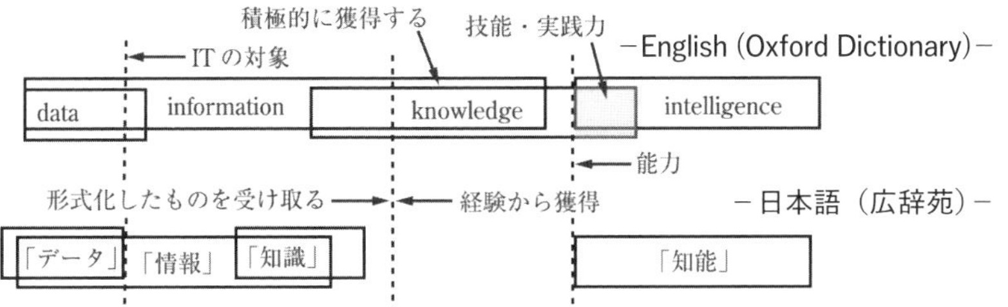

出典：関口恭毅（2016）「データ・情報・知識の含意と相互関係の二重性について」『商学論纂（中央大学）』第57巻第5・6号（3月），219ページ（**図表3-1**）。
Source: 新村出編（1998）『広辞苑（第5版）』岩波書店，およびOxford Dictionaries Online Project Team, Oxford Dictionary, British & World English, Oxford University Press, http://www.oxforddictionaries.com/（閲覧日：2023年11月24日）.

てはじめて「情報」です。データを含む情報の意味は，役立つことが前提です。ここで紹介したのは1つの考え方ですが，理解しておくと，今後の情報を中心とする学びや活用に有効でしょう。

4 情報技術の発展

(1) 個人が情報をスマートに活用するためには

個人が情報をスマートに活用するためには，**情報技術**（Information Technology，略称：IT）に関して一通り理解しておくことが求められます。情報技術は，情報を取得，加工，保存，伝送するための科学技術を意味し，電子端末やソフトウェアの操作方法も含まれています。なぜなら，電子端末やソフトウェアの使い方がわからなければ，貴重な情報をうまく取り出すことが難しいからです。

20世紀半ば以降，情報技術は本格的な発展を遂げました。それに伴い，ビジネスは革新的に変化し，私たちの暮らしは「便利」や「充実」という名の恩恵を受けています。インターネット網が世界に拡大し，昔は非常に高価であった海外航空券ですら，格安で手に入る時代です。個人が気軽に予約サイトにアクセスし，複数の航空会社の運賃を比較したうえで自ら航空券を手配するケースも増えています。また情報技術の発展は，消費者が自宅に居ながら商品を買う機会をもたらし，ワンクリックで物品を購入できます。企業は店舗をもたずとも，パソコンと通信環境さえ整えば，商品を販売できるようになったのです。

情報学者の西垣通は，言語ありきで思考を組み立てるのではなく，情報から思考が出発するという時代へと転換している点を指摘しています。すなわち「情報は人間の思考のより深い次元に関わり，われわれの世界観や人間観，さらにはそれらを支える知の枠組みそのものの変容である」[9]と述べています。

このような考え方は，情報の問題が単なるコミュニケーションの技術革新に限ったものではないということ，つまり「情報」のもつスケール感を示唆しています。では，あらゆる分野において情報が前提となりうる現代において，企業が新たな情報や情報技術をどのように経営に取り入れ，また活用しているのでしょうか。さらには，社会にいかなる影響をもたらしてきたかについても関心をもちたいところです。

(2) ビジネスにおけるスマートな情報活用

ビジネスにおいて情報を上手に活用するためには，単に企業はデータを収集するだけではなく，分析するための手法を学んでおかなければなりません。なぜなら，単に情報が集まっただけでは，情報を読み取ることが難しいからです。例えば，単なる数字が並んでいるよりも，グラフにするだけで非常に理解しやすくなります。

また企業の経営は，基本的に将来へと継続していきます。過去から現在に至る情報をもとに将来を予測することによって，どのように経営の意思決定をしていくかを合理的に判断します。例えば，顧客が購入した商品に満足しているかについてアンケート調査を行ったとします。得られた結果を男女別や年齢別に集計して，そのちがいを比べるにあたり，分析手法を用いれば，男女別もしくは年齢別に満足度のちがいを客観的に証明することができるのです。

このような分析手法を実際の操作を通じて学んだり，消費者の潜在ニーズの調査技術を学んだりします。そうすれば，その言葉どおり市場（market，マーケット）を知ることにもつながります。いまやスマートフォンで情報を入手することが多い消費者に対して，いかに商品を PR していくか，また商品を買いやすくできるかがポイントです。企業の対応が少しでも遅れれば，厳しい競争社会で生き残れる時代ではもはやなくなっています。まさに情報を戦略として活用する時代です。

情報を戦略として活用する思考へ

◀注・参考文献▶

1 総務省（2022）「令和4年通信利用動向調査報告書（世帯編）」11ページ，https://www.soumu.go.jp/johotsusintokei/statistics/pdf/HR202200_001.pdf（参照日：2023年10月27日）。

2 髙橋慈子，原田隆史，佐藤翔，岡部晋典（2020）『【改訂新版】情報倫理－ネット時代のソーシャル・リテラシー』技術評論社，33-44ページ。また情報の特性として，①形がない，②消えない，③簡単に複製できる，④容易に伝播するの4つを示す例もある（文部科学省（2022）「高等学校情報科『情報Ⅰ』教員研修用教材」16ページ，https://www.mext.go.jp/content/20200722-mxt_jogai02-100013300_003.pdf（閲覧日：2024年2月23日）。

3 総務省（2017）「平成29年版 情報通信白書」53ページ，https://www.soumu.go.jp/johotsusintokei/whitepaper/ja/h29/pdf/n2100000.pdf（閲覧日：2023年10月24日）。

4 Chen, M., Mao, S., and Liu, Y.（2014）“Big data: A survey,” *Mobile Networks and Applications*, 19（2）, pp.171-209.

5 OECD (2013) “Exploring Data-Driven Innovation as a New Source of Growth: Mapping the Policy Issues Raised by ‘Big Data,’” *OECD Digital Economy Papers*, No.222, OECD Publishing, Paris, p.11 (2013-06-18), http://dx.doi.org/10.1787/5k47zw3fcp43-en（閲覧日：2023年10月24日）.

6 総務省（2019）「令和元年版 情報通信白書」131ページ，https://www.soumu.go.jp/johotsusintokei/whitepaper/ja/r01/pdf/n2100000.pdf（閲覧日：2023年10月24日）。

7 NIRA総合研究開発機構・ドイツ日本研究所（DIJ）（2019）「21世紀の『資源』：ビッグデータ」『NIRAオピニオンペーパー』43号（2月），1ページ（論文：1-10ページ），https://www.jstage.jst.go.jp/article/niraopinion/43/0/43_43/_pdf/-char/ja（閲覧日：2023年10月27日）。

8 本村陽一（2023）「Society 5.0の実現に向けた産官学のビッグデータ活用－Big DataとDXが拓く研究開発とビジネス，人材育成のフロンティア」『人工知能』第38巻第4号（7月），557ページ，https://doi.org/10.11517/jjsai.38.4_552（閲覧日：2023年10月27日）。

9 西垣通（2018）「情報とはなにか」『情報管理』第60巻第12号，888ページ。

第5章

ソーシャルメディアの台頭

1 インターネット利用が進む世界

私たちが生きる現代において，インターネットはもはや人間の生活や社会に深く浸透し，なくてはならない存在になっています。若者にとっては幼い頃からスマートフォンやタブレットなどをつなぐインターネットが身近なものですので，逆にインターネットにつながっていない状況を想像しづらいかもしれません。

インターネット上において，個人が広く第三者に向け情報発信を行うこと自体，珍しくなくなっています。趣味や娯楽に関する情報や，最近トレンドになっているファッションアイテム，若者の間でバズる情報といった，ありとあらゆる情報を特に発信先を指定することなく，いとも簡単に発信できます。時には情報利用者の立場になって，さまざまな情報の入手がインターネットを介して可能です。デジタル大辞泉（小学館）によると，**バズる**とは「俗に，ウェブ上で，ある特定の事柄について話題にする。特に，SNSを通じて多人数がうわさをしたり，意見や感想を述べ合ったりして，一挙に話題が広まることを指す」[1]と定義されています。

そもそもインターネット（internet）という用語は，世界のコンピューター同士をつなぐネットワークや情報通信技術の総称として知られていますが，そのインターネット上で文字や画像，動画などを閲覧できるサービスやしくみは世界規模でくもの巣のように網目状にコンピューター間で張り巡らされているという意味から，ウェブ（World Wide Web，略称 WWW，ワールドワイドウェブ）という表現が一般に用いられています[2]。

インターネットを介して，人，企業，社会がつながる

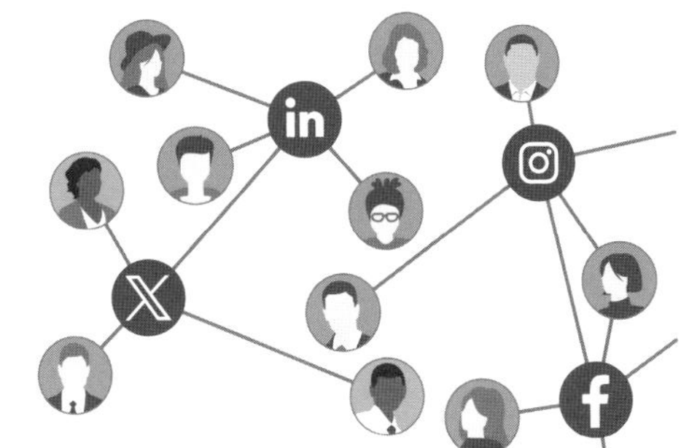

それでは，世界のインターネット利用状況の動向をみてみることにしましょう。**図表5-1**はイギリスのソーシャルメディア・コンサルティング企業のWe Are Social（ウィー・アー・ソーシャル）とMeltwater（メルトウォーター）[3]が共同で行った調査レポート「Digital 2023 April Global Statshot Report」[4]（2023年4月現在）の一部を示しています。

同調査によると，インターネットを利用している個人は51億8千万人（世界の人口80億3千万人に対する64.6パーセントに相当）に達し，ソーシャルメディアを利用する人々は48億人（普及率59.9パーセント）にのぼっています

図表5-1　世界のインターネット利用状況

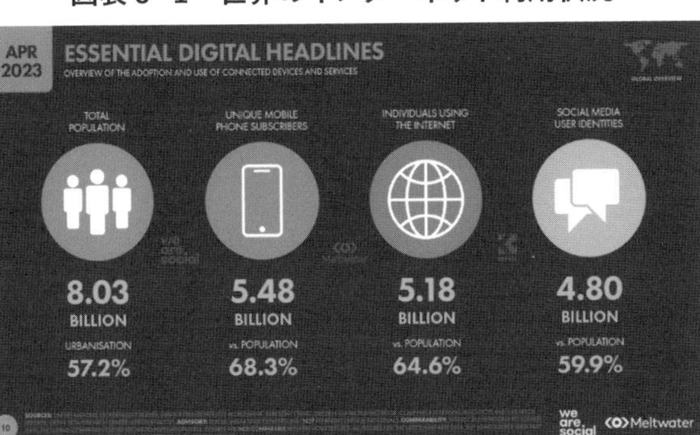

出典：We Are Social & Meltwater (2023) *Digital 2023 April Global Statshot Report*, https://wearesocial.com/jp/blog/2023/04/the-global-state-of-digital-in-april-2023/（閲覧日：2023年10月29日）.

(Report：10ページ)。またスマートフォンなどの携帯端末を経由してインターネットを利用している個人は95パーセントを占めています（Report：17ページ)。このような数字から，すでに世界の人口の半数以上が何らかのソーシャルメディアを利用している状況が示されています。

2 ソーシャルメディアの広がり

(1) ソーシャルメディア利用と目的

世界のありとあらゆる場所から発信された情報は，**ソーシャルメディア**（Social Media）を通じて瞬く間に拡散します。ソーシャルメディアは「インターネットを利用して誰でも手軽に情報を発信し，相互のやりとりができる双方向のメディア」[5]を指します。個人や企業が情報を発信，共有，拡散することによって形成されるインターネットを通じた情報交流サービスの総称[6]です。情報発信者と情報利用者（受信者）がくもの巣状につながり，情報にア

図表5-2　ソーシャルメディアの種類とサービス

種類	サービス例
ブログ	アメーバブログ（アメブロ），@niftyココログ，Seesaaブログ（シーサー），ライブドアブログ
SNS	X（エックス），Facebook（フェイスブック），mixi（ミクシィ），Instagram（インスタグラム），Linkedin（リンクトイン）
動画共有サイト	YouTube（ユーチューブ），ニコニコ動画（ニコニコ），ツイキャス，Vine
メッセージングアプリ	LINE（ライン），WhatsApp（ワッツアップ），Viber（バイバー），WeChat（微信／ウィーチャット）
情報共有サイト	価格.com（カカクドットコム），食べログ，cookpad（クックパッド）
ソーシャルブックマーク	はてなブックマーク，Flog（フロッグ），Flipboard: The Social Magazine（フリップボード）

出典：総務省（2015）「社会課題解決のための新たなICTサービス・技術への人々の意識に関する調査研究」（平成27年），総務省（2017）「平成27年版 情報通信白書」199ページ（図表4-2-1-1），https://www.soumu.go.jp/johotsusintokei/whitepaper/ja/h27/html/nc242000.html（閲覧日：2023年11月25日）をもとに筆者作成。

クセスした情報利用者は情報発信者にもなりえます。そういった双方向のしくみから，簡単に情報が多方向に広がるという特徴があります。

ソーシャルメディアには，その目的に応じて主に4つの形態があるといわれています。すなわち，①コミュニケーションを目的とするもの，②レビューや口コミを目的とするもの，③不特定利用者による情報の蓄積（集合知）を目的とするもの，④情報発信を目的とするものです。最近の傾向として，④情報発信を目的とするソーシャルメディアの活用事例が着実に増えているようです。国内外で利用者が増加しているInstagramは，④に加え①を兼ね備えているのが特徴です。**図表5-2**はソーシャルメディアの種類とサービスの例をまとめたものです。

〈ソーシャルメディアの目的別分類〉

①コミュニケーションを目的とするもの	例．LINE，Facebook
②レビューや口コミを目的とするもの	例．価格.com，食べログ
③不特定利用者を通じた情報の蓄積（集合知）を目的とするもの	例．Wikipedia
④情報発信を目的とするもの	例．X，YouTube，TikTok

出典：図書印刷「ソーシャルメディアとは?」https://www.tosho.co.jp/3698/（閲覧日：2023年10月30日）をもとに筆者作成。

それでは，以下でそれぞれの目的別分類について，簡単に説明していきます。①のコミュニケーションを目的とするものの代表的なものは，LINEやFacebookなどがあります。個人間のコミュニケーションで主に利用されます。②のレビューや口コミを目的とするものには，価格.comや食べログなどがあります。情報発信者が実体験に基づく商品やサービス等のレビューや評価を行い，情報利用者がそれらの情報を参考にして自らの消費行動等に役立てています。

③の不特定利用者を通じた情報の蓄積を目的とするものの代表例は，Wikipediaをあげることができるでしょう。不特定の情報利用者が書き込ん

図表5-3　X（旧：Twitter）のログイン画面

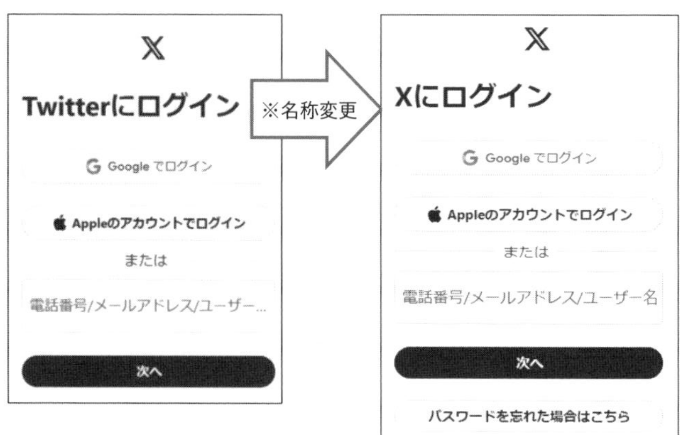

左：2023年8月7日時点　　右：2023年11月25日時点

※2023年7月24日にサービス名称変更が公表されてからしばらくの間，ログイン画面にはTwitterが記載されていたものの，11月25日時点ではXに変更されている。

出典：（右）X「ログイン画面」，https://twitter.com/，（左）佐野正弘（2023）日経XTECH（日経クロステック）「ついに名称まで変更，買収以降混乱が続く元「Twitter」の行く末は」（8月7日），https://xtech.nikkei.com/atcl/nxt/column/18/00086/00271/（いずれも閲覧日：2023年11月25日）をもとに筆者作成。

だ情報が蓄積され，整理されてWebサイト上で公開されることによって，情報利用者はそれらの知識を参考にすることができます。そして，④の情報発信を目的とするものには，X（旧：Twitter，ツイッター），YouTube，TikTok，ブログなどがあります。情報発信者は自らの意見や感想，作品等を広く情報利用者に対して発信することができます。

ソーシャルメディア・アプリで知られるTwitterは，実業家イーロン・マスク（Elon Musk）によって2022年10月に買収され[7]，2023年7月24日にサービス名称を「X」に変更しています（**図表5-3**）[8]。なお，マスク氏は電気自動車を製造・販売するテスラ（Tesla）の創業者として有名です。

(2) SNSはソーシャルメディアの一種

皆さんがよく知っているSNSですが，一般的に，利用者同士が交流できるWebサイト上の会員制サービスと定義されています。いわゆるソーシャルメディアの一種です。友人など人と人とのつながりや関係性でコミュニケーションをはかることを目的とした媒体といえます。異なる地域や国の友人や，共通した趣味を有する人々との間でコミュニケーションを可能にする，インターネット上に存在する一種の閉鎖空間です。いまやSNSがソーシャルメディアの主流と位置づけられるようになり，多くの人がソーシャルメディア＝SNSと考える傾向にあるほどです。

SNSでは個人がWebサイト上で自由に掲載した自身のプロフィールや写真，情報を発信し，特定の仲間に公開・閲覧できるしくみになっています。SNSを利用した経験がある皆さんは理解していると思いますが，SNSの利用の流れを簡単に述べると次のとおりです。情報利用・閲覧権限は通常アプリケーションやチャット，ゲームを通じて，サイト作成者から利用者に付与されます。利用者同士が国や地域，世代等を越えてつながる場としてSNSは広く活用されています。

(3) ソーシャルメディアの利用動向

ソーシャルメディア・アプリの利用動向をみてみることにしましょう。**図表5-4**は，日本におけるソーシャルメディア・アプリ利用動向を示しています。わが国ではLINEの利用率が他のアプリと比較して圧倒的なシェアであることがわかります。Facebookはほぼ横ばい，Twitterは着実に利用率をあげています。Instagramについては2015年以降利用がみられるようになり，2022年の利用率はTwitterを超えるほどに利用の伸びがみられます。

一方，**図表5-5**，**図表5-6**は世界におけるソーシャルメディア・モバイルアプリ利用動向を示しています（2023年1月現在）。まず**図表5-5**のソーシャルメディア・モバイルアプリの利用者数ランキングによれば，1位YouTube，2位Google，3位Google Chromeという結果であり，すべてアメリカのIT大手企業Googleによって提供されているアプリです。続いて4位Facebook，5位WhatsAppであり，いずれもアメリカのIT大手企業Metaが提供するアプリです。このようにソーシャルメディア・モバイルアプリ上位5位までを

図表 5-4　主要ソーシャルメディア・アプリの利用動向（全世代）

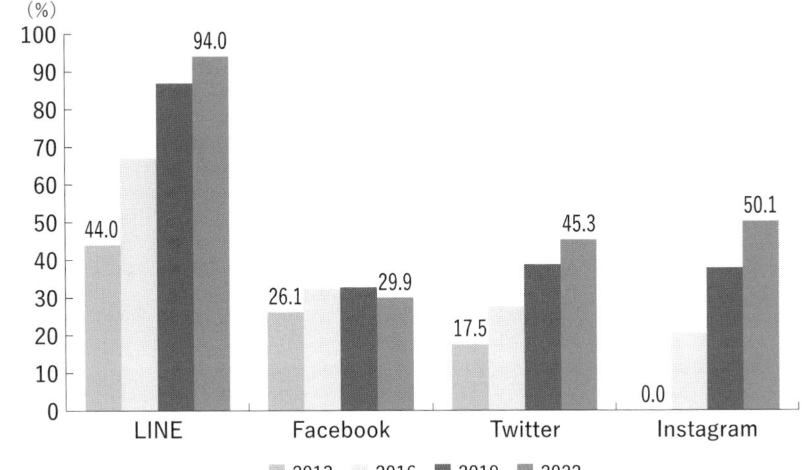

出典：総務省「令和4年度 情報通信メディアの利用時間と情報行動に関する調査報告書」70ページ, https://www.soumu.go.jp/main_content/000887660.pdf（閲覧日：2023年10月29日）をもとに筆者作成。

図表 5-5　世界における上位ソーシャルメディア・モバイルアプリ（2023 年 1 月時点）

順位	アプリ名	アプリを提供する企業名
1位	YouTube	Google
2位	Google	Google
3位	Google Chrome	Google
4位	Facebook	Meta（旧：Twitter）
5位	Whats App	Meta（旧：Twitter）

出典：We Are Social & Meltwater (2023) *Digital 2023*, https://wearesocial.com/jp/blog/2023/01/the-changing-world-of-digital-in-2023-2/（閲覧日：2023年10月29日）をもとに筆者作成。

アメリカ企業が独占している状況です。また**図表 5-6** で示すとおり，TikTok がソーシャルメディア・アプリの利用時間が月 23.5 時間で最大となっています。

図表5-6　ソーシャルメディア・モバイルアプリの利用時間

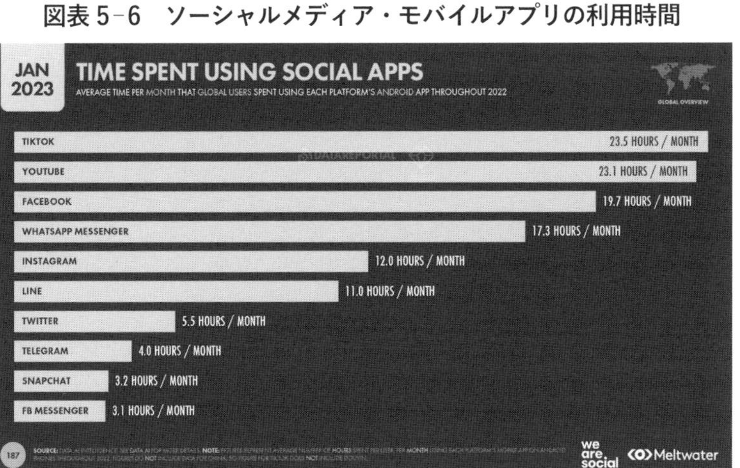

出典：We Are Social & Meltwater，同上書.

(4) SNSを活用したビジネス

近年，企業がソーシャルメディアを活用してビジネスに生かそうとする動きがみられ，多岐多様な業種，業態にわたって事例が出現しています[9]。例えば，企業がSNSを広告として活用する場面が次第に増えてきました。企業独自のアカウントを作成し，**フォロワー**（follower）を増やす取り組みを通じて，商品や製品，サービスの宣伝はもちろん，企業の好感度アップにもつながると考えているからです。また商品や製品，サービスに対する既存ユーザーの声や意見を吸い上げ，フィードバックをはかることができれば，顧客の満足度向上に寄与します。

フォロワーとは，ソーシャルメディアにおいて投稿内容をみられるように登録した人を指します[10]。そういったフォロワーを増やすためには，情報利用者がどれだけ情報にアクセスするかにかかっており，企業にとっては販売実績を伸ばせるかどうかの命運を分けるポイントです。SNS利用者の大半は他人の投稿を知人と共有する情報の「拡散」（Facebookの「いいね！」機能やXのリポスト機能等を利用して情報を広めること）について，自らが行った経験が一度はあるそうです[11]。情報拡散によって一大ブームを巻き起こした例はさまざまな分野でみられます。本章の冒頭で取り上げました「バズる」という現象にも支えられているといえるでしょう。情報拡散を活用したビジネスモデルについては，第６章で取り上げています。

3 ソーシャルメディアに潜むリスク

(1) 匿名性

もともとソーシャルメディアを通じて集まる人々は興味・関心のある情報をやりとりしています。共通の趣味や娯楽といった点でつながり，気軽に自分のことを発信することができます。情報利用者同士は直接会った訳ではないにしろ，互いに仲間意識が芽生えることは少なくありません。情報発信者が情報を介して利用者の共感を得ることもあるでしょう。

しかし，ソーシャルメディアの情報発信者や情報利用者は匿名であることも多く，実在する人物であるとは限りません。仮に，実在する人物であったとしても，SNS による情報発信者が信頼できる相手かどうかは別問題です。個人が架空の人物をあたかも実在するかのように装って情報を更新するとか，虚偽のプロフィール情報を設定するといったことが容易にできてしまうからです。

またソーシャルメディア上でもたらされた情報は，どのような入手ソース（情報発信者）からもたらされたのか，情報の信ぴょう性や信頼性はあるのかといった点に対して批判的な意識をもちにくい傾向があります。情報発信者の意図や偏見，差別的な思考によって情報が歪められていないかどうかに何の疑いをもつこともなく，情報を信じ込み，自らも虚偽情報の拡散に加担してしまうケースや犯罪に巻き込まれてしまうケースが年々増えています。与えられた情報をそのまま鵜呑みにせず，情報の信ぴょう性を確認する，いわゆる**ファクトチェック**（fact check）の重要性はますます高まっています。情報の利用者側が入手した情報を簡単に受け入れず，適切な情報のみを選択する所作が大切です。

(2) 情報の信頼性～3つの概念による整理～

インターネットに接続する人々や機会が増えるほど，情報の信頼性に関する問題が指摘されるようになってきました。そもそも情報の信頼性という用語は，情報の真偽や正確さは確実ではないものの，信頼性を推定する際に用いられるものです。情報の信頼性を考える際，コンピュータサイエンスの分野においては複数の意味が関連するようです。例えば，「信頼性」の概念について，英語のReliabilityに相当する「信頼性」，英語のTrustworthinessに相当する「信頼性」，英語のCredibilityに相当する「信頼性」という3つを示す考え方があります[12]。

第一のReliabilityの「信頼性」は，計算機のハードウェアやソフトウェアが仕様どおりに動作するかどうかという意味で用いられています。第二のTrustworthinessの「信頼性」は，情報の出所としての人間などがある事柄に関して信頼できるかどうかという意味で用いられています。第三に，Credibilityに相当する「信頼性」です。記述されている情報を信頼できるかどうか，情報そのものの正しさの意味で用いられています。この信頼性の意味は，情報や証言などを信用してよい度合いを表すとされる「信ぴょう性」[13]という言葉に近いといえます。情報発信者に対する信頼性はこのうち第二の信頼性を指し，情報の正しさに対する信頼性は第三の信頼性を考える必要があります。

(3) 情報の評価プロセス

インターネット上で公開される情報と，伝統的なメディア媒体である新聞や雑誌，テレビなどで発信される情報の決定的な違いは，情報発信される前にその情報が第三者の目に触れ，評価されているかどうかの点にあるでしょう。**図表5-7**は情報の流れと信頼性の関係を示したものです。情報を作成する人と情報を編集・加工する人が別々に存在しており，編集・加工の段階で情報に対する評価が行われています。ところが，インターネット上の情報は多くのケースで情報発信者は情報の編集・加工の担い手も同時に行うことか

図表5-7　情報の流れと信頼性の関係

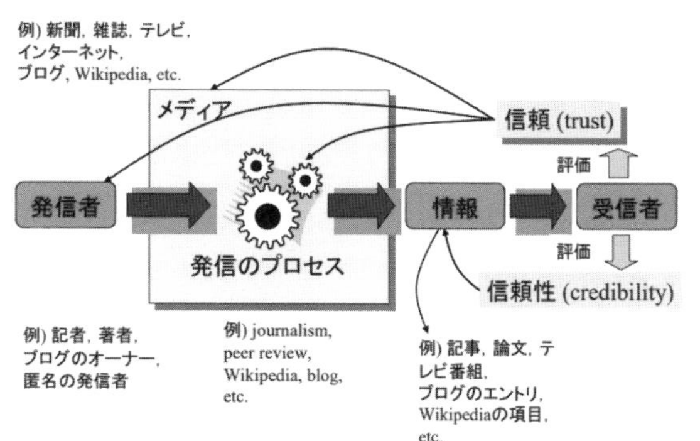

出典：加藤義清，黒橋禎夫，江本浩（2006）「情報コンテンツの信頼性とその評価技術」『人工知能学会研究会資料』SIG-SWO-A602-01，4ページ。

ら，その情報は第三者に評価されず更新・公開されてしまいます。このように，インターネット上の情報を評価するプロセスがないことにより，情報利用者は利用にあたっては情報の信頼性についてより慎重に対応せざるをえない訳です。

情報発信者が情報を更新・公開した時点で，世界中からアクセス可能となりますが，誰かにその情報の存在を知ってもらわなければ，情報へのアクセスを期待できませんので，情報利用者に対して関心を引くための仕掛けが必要になってきます。例えば，特定のキーワードを用いて検索エンジンで上位にランクされるように工夫をする，他人のサイトに自分のサイトへのリンクを張ってみるなどの行動があげられます。

(4) ファクトとフェイクを見極める

皆さんが知っているとおり，インターネット上で入手可能な情報はすべて正しく，信頼できる情報ではありません。インターネット上の情報の中には信頼できない情報が含まれていますが，法規制を行ったところで誰でも簡単に情報発信ができてしまうため，誤った情報が流布される可能性を排除できません。また意図的に情報利用者を騙す目的で発信された情報もあります。すなわち，自由に誰もが入手できるインターネット上の多種多様な情報には，常にファクト（fact，事実）とフェイク（fake，虚偽）の両方が混在しているという点を利用者側がじゅうぶん理解しておく必要があります。

フェイク情報には誤情報，偽情報，デマ情報があります。これらの情報は総称して**フェイクニュース**（fake news）とよばれ，定義はありませんが、情報利用者にとっては注意すべき情報です[14]。誤情報は，単にミスや記述の誤りがある情報をいい，情報発信者の不注意と情報利用者のファクトチェックの甘さの双方からもたらされるといわれています。偽情報は，利益を得ることや初めから情報利用者を意図的に騙す目的で発信された悪意のある情報です。デマ情報は，情報発信者の意図や主観，偏見によって故意に事実が捻じ曲げられた情報をいいます。

フェイクニュースはインターネット空間において深刻な問題となっています。デジタル化の進展によりSNSを経由した情報のやりとりをする一般の人々が急速に増え，情報発信者としていとも簡単に情報を自由に発信する機会を生み出しています。世界におけるインターネット利用率が年々増加していますので，それに比例してフェイクニュースが拡散するリスクは高まっています。

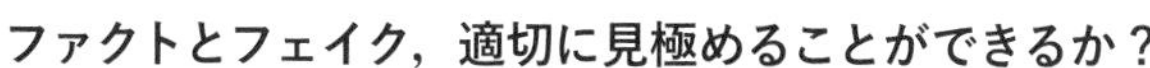
ファクトとフェイク，適切に見極めることができるか？

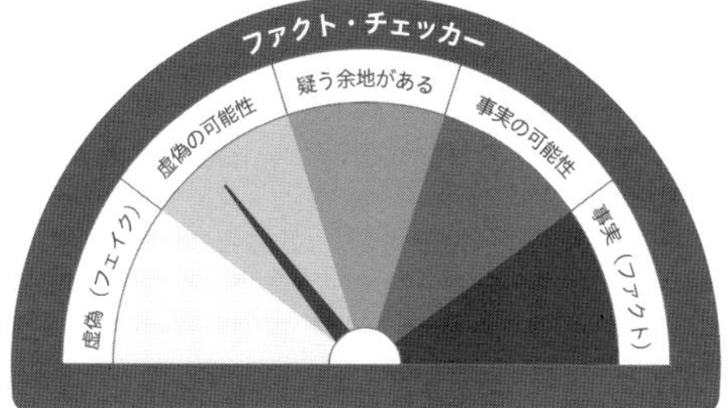

4 フェイクニュースがもたらす影響

(1) フェイクニュースの拡散

情報利用者にとって最も難しいのは，情報発信者の故意や悪意というものは，表面上，情報そのものやWebサイト上に現れにくく，情報に疑念を抱きづらい点です。人類にとってこれまで類をみない規模やペースで新型コロナウイルス感染症（Covid-19）の拡大が深刻化した2020年には，世界各国の状況や対応策をメディアが一斉に報じ始めました。当初，新型ワクチンや感染症の症状，治療方法に関するフェイクニュースが拡散してしまったことがありました。

経験したことのない脅威やリスクに直面した人々は，ある種のパニック状態になり，情報の真偽を確認しないままで知りえた情報を拡散する側に回ります。いとも簡単に情報拡散に加担してしまう訳です。ひとたびフェイクニュースが拡散されれば，本来治療を受けなければならない患者が適切な治療を受ける機会を逸してしまうことや，医療現場に携わる医師の治療方針に影響を与え適切な治療を施すことを難しくしたといわれています[15]。

(2) インフォデミックの脅威

皆さんは**インフォデミック**（infodemic）という言葉を知っていますか。インフォデミックは，インフォメーション（information，情報）とエピデミック（epidemic，伝染病の局所多発的流行）の造語[16]であり，「情報の急速な伝染（Information Epidemic）」を短縮した言葉といわれています[17]。SARSが流行した2003年に一部の専門家同士で使われ始めたとされ，その後，世界で広く認知されるようになりました。そのきっかけは世界保健機構（World Health Organization，略称：WHO）が「Covid-19に関する状況報告13」（2020年2月2日開示）[18]においてインフォデミックを用いたことにあります。Covid-19の発生と対応には大規模なインフォデミックが伴ったことを述べており，いわゆる情報拡散の恐ろしさや脅威をWHOは示したといえます。

インフォデミックについては「高度情報社会において主にインターネットを介して急激に大量の情報が氾濫し，実社会に絶大なる影響を及ぼすこと」[19]という定義があります。またインフォデミックをフェイクニュース拡散による社会的混乱が引き起こされた状態とする諸説もあります[20]。WHOはインフォデミックについて「情報が統制されず科学と対策への信頼を損ない，人々の健康と公衆衛生の対応に直接的な悪影響を与える状態」と定義し，信頼できる情報源や情報をみつけることが困難な状況に警告を発するとともに，世界のありとあらゆる人々にインフォデミックな行動を防止するようよびかけています[21]。

感染症の流行は一般的にその規模から「エンデミック（地域流行，流行の常態化）」「エピデミック（流行）」「パンデミック（世界大流行）」の３つに区分されますが，インフォデミックはパンデミック（pandemic ＝世界的流行）の域に達し，すでにエンデミック（endemic ＝流行の常態化）としてとらえるべき段階であるとされています[22]。

(3) ファクトチェックの大切さ

情報発信者ならびに情報利用者がフェイクニュースを拡散してしまう背景として，次のような点が指摘されています。最初の情報発信者が生み出したフェイクニュースがインターネットを介して情報利用者にわたりますが，情報利用者は無意識のうちに情報を鵜呑みにしてフェイクニュースの拡散に寄与しまう傾向があり，インフォデミックはあらゆる分野で引き起こされる可能性があります。

スマートな情報利用者の１人として，私たちにはできることがあります。例えば，普段から情報をそのまま受け入れ，また信じ込まず，情報のファクトチェックを行うことや，公的機関などが開示した信頼性のある情報を利用することなどです。皆さんが各自で心掛けることが，インフォデミック防止につながります。ファクトチェックの重要性はますます高まっています。アイルランドの文学者であるジョージ・バーナード・ショー（George B. Shaw）が「間違った知識には注意せよ。それは無知よりも危険である」[23]と述べているように，情報の利用者側が入手した情報を簡単に受け入れず，適切な情報のみを選択することが求められます。

〈情報発信者，情報利用者が情報を拡散する理由

1. Money（金銭目的）
2. Ideology（個人的な主義主張）
3. Compromise（例えば過去の主張との整合性や周囲への妥協）
4. Ego（自己承認欲求）

黑川友哉（共同執筆者：岡田玲緒奈，木下喬弘，安川康介，曽宮正晴）（2021）「誤情報に惑わされないために。情報リテラシーの重要性と正確な情報の受け止め方」（7月26日）厚生労働省，https://www.cov19-vaccine.mhlw.go.jp/qa/column/0003.html（閲覧日：2023 年10 月28 日）より一部抜粋。

情報を適切に選択する能力が求められる

◀注・参考文献▶

1 小学館 デジタル大辞泉「バズる」コトバンク，https://kotobank.jp/word/バズる-1711623（閲覧日：2023 年 10 月 29 日）。

2 NTT 西日本チェネッタ（2023）「連載 ネットの知恵袋 インターネット」（1 月 12 日更新），https://flets-w.com/chienetta/lifestyle/cb_internetl9.html（閲覧日：2024 年 2 月 29 日），および小松香爾（2008）「World Wide Web の起源と発展」『経営論集』（文京学院大学総合研究所），第 18 巻第 1 号，1-2 ページ（論文：155-168 ページ）。

3 イギリス・ロンドンに本社をおくソーシャルメディア・コンサルティング企業である We Are Social は，世界に 19 のオフィス，スタッフ 1,300 人超を有するグローバル・クリエイティブ・エージェンシーとして活動している。https://wearesocial.com/jp/（閲覧日：2023 年 10 月 29 日）。一方，アメリカ・サンフランシスコに本社をおく Meltwater は世界初のオンラインメディアモニタリング会社として 2001 年に設立されて以降，スタッフ 2,200 人を有しており，ソーシャルリスニングとソーシャル分析を提供するパイオニア企業として成長し，全世界で活動を行っている。https://www.meltwater.com/jp/about（閲覧日：2023 年 10 月 29 日）。

4 We Are Social & Meltwater (2023) *Digital 2023 April Global Statshot Report*, 10, 17 ページを参照，https://wearesocial.com/jp/blog/2023/04/the-global-state-of-digital-in-april-2023/（閲覧日：2023 年 10 月 29 日）。

5 総務省（2015）「平成 27 年版 情報通信白書」，199 ページ，https://www.soumu.go.jp/johotsusintokei/whitepaper/ja/h27/html/nc242000.html（閲覧日：2023 年 10 月 30 日）。

6 図書印刷「ソーシャルメディアとは？」，https://www.tosho.co.jp/3698/（閲覧日：2023 年 10 月 30 日）。

7 ブルームバーグ（Bloomberg）（2022）「ツイッター440 億ドルで買収完了，マスク氏が CEO 就任へ－関係者」（10 月 28 日，by Kurt Wagner），https://www.bloomberg.co.jp/news/articles/2022-10-28/RKFUDWT0AFB401（閲覧日：2023 年 11 月 25 日）。

8 Linda Yaccarino (X CEO)（2023）「X 公式ブログ『X の未来』」（8 月 3 日），https://blog.twitter.com/ja_jp/topics/company/2023/building-the-future-of-x（閲覧日：2023 年 11 月 25 日）。

9 経済産業省（2016）「ソーシャルメディア活用 ベストプラクティス」（3 月），https://www.meti.go.jp/policy/economy/consumer/consumer/pdf/sns_best_practice.pdf（閲覧日：2023 年 10 月 30 日）。

10 小学館 デジタル大辞泉「フォロワー」コトバンク，https://kotobank.jp/word/フォロワー-616605（閲覧日：2023 年 10 月 30 日）。

11 注 5 前掲書，210-211 ページ。

12 加藤義清，黒橋禎夫，江本浩（2006）「情報コンテンツの信頼性とその評価技術」『人工知能学会研究会資料』SIG-SWO-A602-01，2 ページ（論文：1-10 ページ），https://

www.jaist.ac.jp/ks/labs/kbs-lab/sig-swo/papers/SIG-SWO-A602/SIG-SWO-A602-01.pdf（閲覧日：2023年11月4日）。

13 小学館 デジタル大辞泉「信ぴょう性」goo辞書，https://dictionary.goo.ne.jp/word/信憑性/#jn-115490（閲覧日：2023年11月4日）。

14 総務省「ネットの時代におけるデマやフェイクニュース等の不確かな情報」，https://www.soumu.go.jp/use_the_internet_wisely/special/fakenews/（閲覧日：2023年10月28日）。

15 黒川友哉（共同執筆者：岡田玲緒奈，木下喬弘，安川康介，曽宮正晴）（2021）「誤情報に惑わされないために。情報リテラシーの重要性と正確な情報の受け止め方」（2021年07月26日）厚生労働省，https://www.cov19-vaccine.mhlw.go.jp/qa/column/0003.html（閲覧日：2023年10月28日）に記載の情報を参考にしている。

16 小学館 デジタル大辞泉「インフォデミック」コトバンク，https://kotobank.jp/word/インフォデミック-2131807（閲覧日：2023年10月29日）。

17 矢守亜夕美，大久保明日奈，福山章子（デロイトトーマツコンサルティング）（2020）「1世紀で150万倍に増大した情報伝達力－情報の急速な伝染『インフォデミック』とは」（4月6日），https://www2.deloitte.com/content/dam/Deloitte/jp/Documents/strategy/cbs/jp-cbs-information-epidemic.pdf（閲覧日：2023年10月29日）。

18 WHO (2020) Managing the 2019-nCoV 'infodemic,' *Novel Coronavirus (2019-nCoV) Situation Report-13*, 2 February, 2020, https://www.who.int/docs/default-source/coronaviruse/situation-reports/20200202-sitrep-13-ncov-v3.pdf（閲覧日：2023年10月29日）.

19 近藤誠司（2021）「COVID-19インフォデミックの諸相」『社会安全学研究』第11巻，85ページ（論文：85-95ページ），https://www.kansai-u.ac.jp/Fc_ss/center/study/pdf/bulletin011_1.pdf（閲覧日：2023年10月29日）。

20 ソフトバンクニュース「【インフォデミック】～1分で分かるキーワード」#125，https://www.softbank.jp/sbnews/entry/20230814_01（閲覧日：2023年10月29日）。

21 世界保健機構（WHO）（2020）「インフォデミック防止のために行動を」（12月15日），https://japan-who.or.jp/news-releases/2012-20/（閲覧日：2023年10月28日）。

22 注19前掲書，90ページ。

23 Shaw, G. Bernard (2001) *Man and Superman, Penguin Classics*（原典：(1903)，日本語訳として，ジョージ・バーナード・ショー，鳴海四郎（1987）『バーナード・ショー名作集』白水社を参考にした）。

第 6 章

情報拡散を活用した
ビジネスモデル

1 ユーチューバーの存在

（1）新たな情報発信形態～ YouTube ～

情報技術の飛躍的な進化は私たちにさまざまな恩恵を与えています。その恩恵はビジネスにおいても複数のインパクトを与えています。ショッピングのあり方を変化させ，決済手段のデジタル化が進みました。さらには，情報収集方法も大きく進化させています。動画配信サイト「YouTube（ユーチューブ）」という新たな情報発信の形態が出現しました。YouTubeを利用する人々が世界規模で増え続けています。利用者が増加するにつれ，安全性を考慮した取り組みが求められるようになっています。**図表 6-1** はYouTubeの安全性を考慮した取り組みを4つの要素で示したものです。

YouTubeの公式サイトを訪れると，多種多様にわたる動画にアクセスが可能です。毎分500時間以上のコンテンツがアップロードされていますので，そのような膨大な量の動画の中から情報利用者が趣味や娯楽，情報ニーズに

図表 6-1　YouTubeの安全性を高める4要素

Remove
- 有害なコンテンツを削除する。

Reduce
- 有害な誤情報やガイドラインのボーダーライン上のコンテンツの拡散を散らす。

Raise
- 信頼されている情報源からのコンテンツをユーザがみつけやすくする。

Reward
- 信頼できるクリエーターに還元する。

出典：YouTube Japan公式サイト，https://www.youtube.com（閲覧日：2023年11月3日）の情報をもとに筆者加筆・作成。

図表 6-2　YouTube 公式サイトの検索フィルタ画面

検索フィルタ

アップロード日	タイプ	時間	特徴	並べ替え
1 時間以内	動画	4 分未満	ライブ	関連度順
今日	チャンネル	4〜20 分	4K	アップロード日
今週	再生リスト	20 分以上	HD	視聴回数
今月	映画		字幕	評価
今年			クリエイティブ・コモンズ	
			360°	
			VR180	
			3D	
			HDR	
			場所	
			購入済み	

出典：YouTube Japan公式サイト，https://www.youtube.com（閲覧日：2023年11月3日）の情報をもとに筆者加筆・作成。

応じて動画を検索できるよう，関連性，エンゲージメント，品質という3つの主要要素を基礎にフィルタ機能が設定されています[1]。

図表 6-2 は検索フィルタを示しています。動画のアップロード日，タイプ，時間，特徴を用いて絞り込みが可能です。また関連度順，アップロード日，視聴回数，評価といった項目で動画を並び替えることもできます。2021年7月13日には，スマートフォンでショート動画の撮影から編集，投稿までを容易にできる新機能が YouTube ショートとして国内でも追加され，世界100か国以上で利用できるようになっています[2]。

(2) ユーチューバーは現代の職業

YouTube を用いて自作の動画を投稿する人を**ユーチューバー**（YouTuber）といいます。ユーチューバーは情報通信技術の革新により誕生しました。投稿した動画の再生回数やフォロワー登録数など一定の条件をクリアした場合，広告収入を得られます[3]。ある有名なユーチューバーが自らのチャンネルを用いて商品を紹介する情報を発信すれば，フォロワーとよばれる情報利用者は，こぞってその商品に興味・関心を持ち始めます。彼らは購入意欲を掻き立てられ，消費行動に移ります。情報拡散を通じてその商品は一気に品切れ，あるいは品薄の状態になったという事例は珍しくありません。

ビジネスや企業にとって，ユーチューバーの情報発信力はその影響範囲も含め，もはや無視することができません。企業は自社の情報発信力だけでなく，むしろユーチューバーの情報発信力を上手に活用し，人々や社会全体に広く経営活動を知ってもらうというしくみができあがりつつあります。これは，個人の情報発信が企業経営にプラスとなることもあれば，大きなダメージを与えることにもなるという両面の可能性を示しています。

ユーチューバーの認知度の高さを示す調査として，株式会社ベネッセホールディングスが実施した小学生向け2022年調査[4]（**図表6-3**）があります。それによれば，小学生がなりたい職業ランキングで，ユーチューバーは3年連続1位になっているそうです。企業にとってのユーチューバーの位置づけとは異なりますが，現代の小学生にとってユーチューバーが憧れの存在になっていることは間違いないようです。現代の流行やトレンドを象徴する例といえるでしょう。

図表6-3　小学生がなりたい職業上位6位（2022年）

順位	小学生がなりたいと回答した職業
1位	ユーチューバー
2位	漫画家，イラストレータ，アニメーター
3位	芸能人
4位	ゲームクリエーター，プログラマー
5位	パティシエ，パティシエール
6位	学校の先生

出典：ベネッセ教育総合研究所（2022）「ベネッセ教育情報　【小学生がなりたい職業】1位は3年連続『ユーチューバー』」（12月20日），https://benesse.jp/juken/202212/20221201-1.html（閲覧日：2023年11月1日）をもとに筆者作成。

2 企業のマーケット戦略としての情報拡散

(1) インフルエンサーの出現

人気ユーチューバーが情報を発信することによって，フォロワーを経由してその情報はたちまち広がっていきます。これは，**インフルエンサー**（influencer）による情報拡散（information diffusion）の一例に過ぎません。インフルエンサーはそもそも「他人に大きな影響力を与える人」[5]を指し，現代のインターネット上の消費者行動に影響力を有する人々のことです[6]。

世界各国において個人が簡単にメディア経由で情報を発信できる環境が整い，ブログが開設され，それがブロガー（blogger）として発展しました。インフルエンサーはブロガーの発展形といえるでしょう。インフルエンサーは知名度のある人物が主でしたが，最近では一般の個人であっても情報拡散によってはインフルエンサーになった事例があります。そして，インフルエンサーの開設するSNSにアクセスするフォロワーやファンをターゲットにした広告やマーケット戦略を企業が実行するようになりました。

つまり現代は「ソーシャルメディア時代」といわれ，情報拡散をいかにモデル化し，管理していくかが課題となっています[7]。情報拡散の利点は，自然災害など非常事態が生じた際のコミュニケーションツールとしての役立ちにあり[8]，また公職選挙法が2013年4月19日に改正されて以降，情報拡散がすでに選挙活動にも寄与しているといわれています。特に，若い世代の消費者はテレビや新聞といった伝統的なメディアを利用するよりむしろ，SNSによる情報収集に慣れ親しんでいます。さっとスマートフォンを取り出し，いま知りたい情報にその場でアクセスでき，また自らがSNSを用いて情報発信者となる訳です。

(2) 企業が情報拡散に期待する効果

SNSはいまや企業と消費者とがコミュニケーションをはかる重要なツール

として注目されています[9]。また，情報利用者が特定の情報にアクセスし，話題として取り上げる「バズ」や「炎上」とよばれる状態が進めば進むほど，さらなる拡散を生み出すといわれています[10]。このような企業と消費者のコミュニケーションを取り扱うマーケティング・コミュニケーション研究があります。もともと影響力を対象とする研究の対象はインフルエンサーやセレブリティー（celebrity）といった一部の影響力をもつ個人が中心的でしたが，情報拡散は個人の影響力はさほど協調されず，一部の影響力のある個人に依存するものではなく，ネットワーク構造に依存することが最近の研究では明らかにされているようです[11]。またSNSにおける他者への影響力を取り上げる研究もみられるようになっています。

SNS利用者が増加している現状から，企業が独自のSNSアカウントを開設し，情報発信する活動を行っています。X（旧：Twitter），Facebook，Instagram，さらにはYouTubeを活用し，情報収集を行おうとする人々に対して広く情報発信を行う取り組みがみられます。**図表6-4**は，YouTubeを活用する企業事例を示しており，業種や業態を問わずYouTubeが広く活用されていることがわかります。利用者がアクセスする頻度や回数が多く，情報が急速に広範囲に拡散しやすいというYouTubeの特性は，企業にとっていまや魅力的な広告宣伝ツールとなっているようです。

情報拡散の影響力を最大限に生かした広告宣伝のあり方が注目されています。市場にはモノがあふれ，消費者がよく吟味して慎重に商品や製品，サービスを選ぶ時代にあって，情報拡散の活用が効果的な消費者への訴求手段として取り上げられるようになっています。すなわち，消費者の潜在ニーズの掘り起こしをはかるマーケティング戦略として，情報拡散をとらえている企業も少なくないようです。このように，ビジネスを営む企業がソーシャルメディアによる情報拡散を活用した事例を最近よくみかけます。企業の新製品情報やニュース，トピックを発信することで，既存顧客の満足度向上にもつながりますし，新規顧客の開拓にも寄与するからです。

図表 6-4　企業の YouTube 活用事例（2023 年 10 月時点）

企業名	チャンネル名称・サイト情報	業種分類[12]（中分類）	チャンネル登録者数
サントリーホールディングス株式会社	サントリー公式チャンネル https://www.youtube.com/user/SuntoryGroup	非上場	31.9万人
日本マクドナルド株式会社	マクドナルド公式（McDonald's） https://www.youtube.com/user/whatsupmcdonalds	小売業	18.7万人
株式会社ローソン	ローソン（LAWSON） https://www.youtube.com/user/lawsonnews	小売業	4.14万人
株式会社ユニクロ	UNIQLO ユニクロ https://www.youtube.com/user/UNIQLO	小売業	9.68万人
楽天証券株式会社	楽天証券 https://www.youtube.com/user/RakutenSec	証券，商品先物取引業	13万人
株式会社ソニー・ミュージックエンタテインメント	Sony Music（Japan） https://www.youtube.com/user/sonymusicnetwork	分類不能の産業	243万人
ソフトバンク株式会社	ソフトバンク（SoftBank） https://www.youtube.com/user/SoftBank	情報・通信業	17万人
任天堂株式会社	Nintendo公式チャンネル https://www.youtube.com/user/NintendoJPofficial	その他製品	279万人
株式会社テレビ東京ホールディングス	テレビ東京公式 TV TOKYO https://www.youtube.com/user/TVTOKYO	情報・通信業	137万人

出典：YouTube公式サイトの企業チャネル情報をもとに筆者作成。

3 情報拡散の問題点

（1）事実かどうかは別問題

情報拡散にも問題点は複数あります。1つは，その影響力の大きさとスピードです。情報拡散のスピードも驚くほどの速さになりつつあります。広範囲の相当数の人々に情報が急速に行き渡ります。ひとたび情報が拡散してしまうと，制御不能になり，それが個人や企業，社会にとってダメージやよくない影響を与えてしまうのです。

もう1つは，拡散される情報が事実かどうかは別問題であることです。要するに，事実かどうかは別問題ですので，根も葉もない誤情報であったとしても，いったん拡散してしまえばその情報を消去することはできません。情報利用者が情報の信ぴょう性を確認するというファクトチェックを行わずに情報拡散者になってしまうケースが多いといわれています。

情報発信者が意図的に情報操作を行う，あるいは単なる誤った理解や不適切な主張に基づく情報発信を行ったとしても，オンラインでつながった社会では，拡散した情報は完全に消去することはできません。社会に影響力のある人が情報発信者であった場合，情報利用者は興味・関心を優先させ，事実かどうかは別として，いとも簡単に情報を拡散してしまうのです。

情報拡散はたちまち脅威となりうる

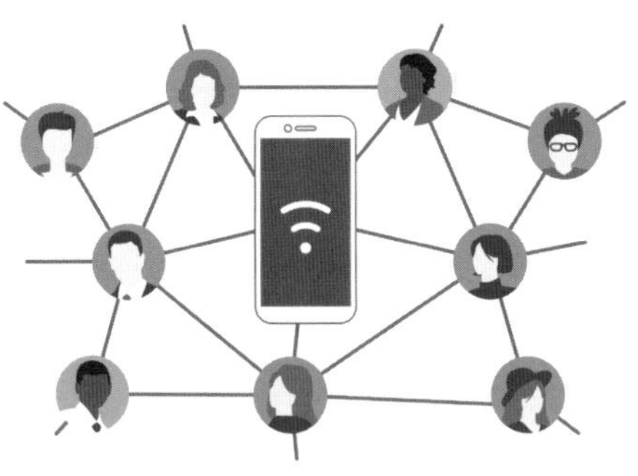

(2) 情報拡散が招く企業倒産

裏づけのない意図的な情報が拡散された結果，人々の生命や安全を脅かす段階に達しているケースがあることは，前述の章で述べました。情報拡散の影響力は個人がSNSを利用する頻度が増える近年においていっそう強まっています。その情報拡散は情報の真偽に依存していないケースが多いのが実状です。個人の家庭においてインターネットの普及が進み，風評被害というものが広がりやすくなっています。

最近まで通常どおり営業していた企業や店舗が，誤った情報拡散によってその評価が一気に下がり，倒産に追い込まれるという話は珍しいことでなくなりつつあります。その顕著な事例がアメリカのシリコンバレー銀行（Silicon Valley Bank, SVB）の預金の取り付け騒ぎです。SNS 上の不確かな情報によってSVBの株価は急落，1日で420億ドルもの急激な預金の流出が生じた結果，わずか数日後の 2023 年 3 月 22 日に SVB は経営破綻に陥るに至りました[13]。

スマートフォンによるインターネットバンキングが普及している現代においては，店頭に来客することなく，預金の引き出しがいとも簡単にできてしまいます。他の銀行に対する影響を恐れたアメリカ金融当局は，SVB の預金の全額保護を決定したほどですから，事態の深刻さがわかります。アメリカ連邦準備制度理事会（Board of Governors of The Federal Reserve System，略称：FRB）は，SVB の監督と規制に関する調査結果を公表し，同社の経営問題，トランプ政権時代の規制緩和の弊害，規制当局の対応の不十分さを認めています[14]。

(3) 情報拡散の影響力

このように，情報利用者が情報の信頼性に注意を払うことなく，安易に情報拡散を行ってしまえば，企業を倒産に追い込むほどの影響力を有しています。そのような多大な影響力にもかかわらず，SNS などを経由して情報に日常的に触れている情報利用者の多くは，普段から情報の信ぴょう性を意識・確認して情報発信・拡散を行っているでしょうか。

先の問いに対する解ですが，残念ながら情報利用者の情報拡散は情報の信頼性に基づいていないケースが多いようです。総務省の「平成 27 年版 情報通信白書」によると，「情報の信ぴょう性が高いかどうか」を情報拡散の基準と回答している人々の割合は，全体の 23.5 パーセント（約 4 分の 1）に過ぎない水準でした（**図表 6–5**）。むしろ「内容に共感したかどうか」や「内容が

図表 6-5　情報拡散の選定基準（SNS 利用者）

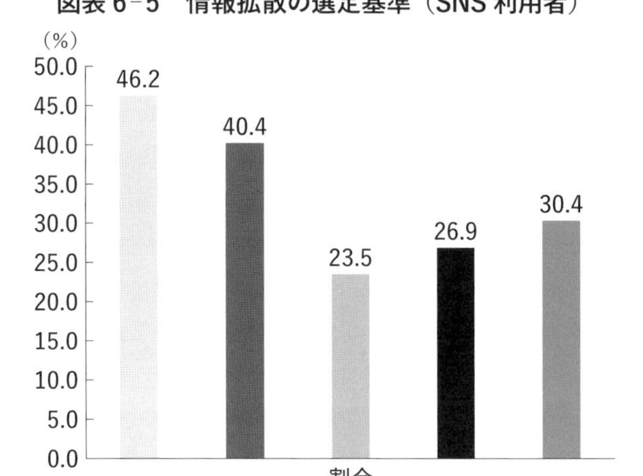

出典：総務省（2015）「平成27年版 情報通信白書」211ページ，https://www.soumu.go.jp/johotsusintokei/whitepaper/ja/h27/html/nc242250.html（閲覧日：2023年11月1日）をもとに筆者作成。

図表 6-6　情報の信頼性を拡散の基準とする年代別割合

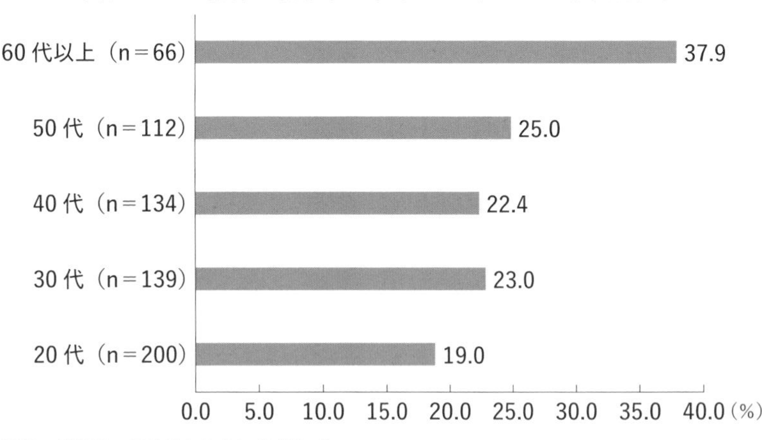

出典：総務省，同上書をもとに筆者作成。

面白いかどうか」といった点を，事実かどうかよりも重視される傾向がみられるようです。ここでいう「信ぴょう性」は第5章で述べているとおり，情報の正しさの度合いと理解するとよいでしょう。

次に，年代別に情報拡散の基準をみた場合，「情報の信ぴょう性が高いかどうか」に関する受け止め方が年代によって異なることがわかります。すなわち，情報拡散の選定基準とする割合は年代があがるほど高くなる傾向があり，情報利用者の年代によって情報拡散に対する基準や考え方が異なることがわかります（**図表6-6**）。近年情報拡散をテーマとする研究がみられるようになり，その点からも情報拡散の影響力が表れといえるでしょう[15]。

4 新たな経営リスク～バイトテロ～

バイトテロという言葉を聞いたことがあるでしょうか。アルバイト先でスタッフが悪ふざけをした様子を撮影した写真や動画がFacebookやX（旧Twitter），Instagramといったソーシャルメディアに投稿されたというケースが相次いでいます[16]。このようなモラルに欠ける情報拡散をアルバイトスタッフが引き起こす行為は，「バイトテロ」とよばれるようになっています[17]。

図表6-7はバイトテロの事例を示しています。その言葉どおり，バイトテロは企業にとって新たな経営上のリスクとなっています。バイトテロが企業経営にもたらすダメージは相当甚大な規模に及ぶからです。投稿者の情報拡散によりアルバイト先の店舗をはじめ経営母体の企業に相当な損害を与えるだけでなく，中には店舗の営業停止を余儀なくされたほか，企業が倒産に追い込まれるという社会問題に発展しています。モラルが欠落してしまった投稿者は家族を含め損害賠償請求といった形で厳しい社会的制裁を受けるに至りました。

バイトテロが生じる最大の要因は，情報発信者が情報倫理（情報モラル）を軽視する，あるいは理解することなく，軽はずみに情報発信を行うことで引き起こされる影響の深刻さを認識していなかったことにあるといえるでしょう。

図表 6-7　バイトテロが引き起こす企業への影響

飲食店などでアルバイトによる不適切な動画投稿が相次ぐ			
発表日	店舗	動画の内容	会社側の対応
12/6	ビッグエコー	調理中の唐揚げを床にこすりつける	従業員特定のため警察に被害届を提出
1/29	すき家	氷を投げる、調理器具を下半身に当てる	3人を退職処分
2/6	くら寿司	ゴミ箱に入れた魚をまな板に戻す	民事・刑事で法的措置を準備
2/10	バーミヤン	中華鍋から上がる炎でたばこに火を付ける	1人を退職処分
2/11	セブン-イレブン	おでんの具材を口に入れて出す	2人を退職処分 法的措置も検討
2/18	大戸屋	下半身をトレーで隠してふざける	3人を退職処分 法的措置を検討

注：図表6-7の情報について，以下のとおり各企業Webサイト上の情報確認を筆者が行っています。

1. 株式会社第一興商「不適切な動画がインターネット上に掲載された件についてのお詫びと対応のお知らせ」（2019年2月7日），https://www.dkkaraoke.co.jp/news/newsletter/pdf/190207.pdf（閲覧日：2023年11月1日）。
2. 株式会社ゼンショーホールディングス「当社従業員による不適切な行為についてのお詫びとお知らせ」（2019年1月31日），https://www.sukiya.jp/news/2019/01/20190131.html（閲覧日：2023年11月3日）。
3. 株式会社すかいらーくホールディングス「当社従業員による不適切な行為とお詫びについて」（2019年2月10日），https://corp.skylark.co.jp/Portals/0/images/news/press_release/2019/pk637h000001i6wm-att/190210.pdf?TabModule721=0（閲覧日：2023年11月3日）。
4. 株式会社くらコーポレーション（現社名：くら寿司株式会社）「当社従業員による不適切な行為とお詫び」（2019年2月6日）。
5. 株式会社セブン - イレブン・ジャパン「当社加盟店従業員による不適切行為について」（2019年2月11日），https://www.sej.co.jp/company/news_release/news/2019/190211.html（閲覧日：2023年11月3日）。
6. 大戸屋株式会社「当社従業員による不適切な行為についてのお詫びとお知らせ」（2019年2月16日），https://www.ootoya.com/news/20190218.pdf（閲覧日：2023年11月3日）。

出典：日本経済新聞「悪ふざけ動画，拡散止まらず　バイトがSNS投稿」（2019年2月19日），https://www.nikkei.com/article/DGXMZO41440830Z10C19A2CC0000/（閲覧日：2023年11月1日）。

5 情報に惑わされない消費者として

これまで情報拡散の特性を述べてきましたが，とりわけソーシャルメディアを介した情報拡散がもたらす情報の影響力の大きさが利点であることは，多くの情報利用者にとって認識されているでしょう。個人からみれば，興味・関心のある情報や役に立ちそうな情報を適宜オンラインで容易に入手し，その入手した情報を今度は自らが情報発信者として発信する側となります。そういった意味で，個人が自己承認欲求を満たすためのツールとして活用される場面もみられます。一方，企業からみれば，ソーシャルメディアを活用した情報拡散は，広告宣伝にかかる費用を抑制しつつ，一気に業績を伸ばす有効な手段となりえますし，消費者の購買意欲を掻き立てるマーケティング戦略となりえます。

しかし，企業が消費者とのコミュニケーションツールとして活用する SNS だからといって，情報をそのまま受容しない慎重さが消費者に求められます。なぜなら，インフルエンサー，いわゆる情報発信者はフォロワー数やチャンネル登録者数などによって，企業から広告収入を得ている立場であり，ある意味企業に有利な情報発信を行う傾向が強くなります。とりわけ最近では，知名度もない一般の個人がインフルエンサーになっている時代ですので，企業からの収入は彼らインフルエンサーにとって生計を立てる資金です。

さらに，情報拡散は「バズ」や「炎上」を通じてさらなる情報拡散につながっていきます。拡散するプロセスで誤情報や利用者の意図あるいは故意の情報が混在することによって，情報利用者である個人はもちろん，アカウントを開設する企業へ深刻なダメージを与えかねないという欠点を，情報拡散が有している点を理解しておく必要があるでしょう。個人の生活基盤を揺るがし，また企業経営の存続を阻害する事態を引き起こすリスクがあります。これが，情報拡散の最大の弊害であり，恐ろしさです。私たちのモラルやマナー次第によっては，便利なツールにもなりますし，諸刃の剣にもなるのです。

個人も企業も情報拡散の特性をじゅうぶん認識し，情報利用を行うことが求められます。情報を利用する私たちが情報倫理を認識する，スマートな情報利用者を目指すことで，情報拡散の脅威やリスクを最小化した社会の実現に貢献できます。そのような一人ひとりの行動が，安心・安全な情報利用を可能にし，SNS の利点を活用した恩恵を享受できるでしょう。

拡散の脅威やリスクから身を守るためには，
情報利用者として慎重な行動をとる

◀注・参考文献▶

1 YouTube 公式サイト「サービスの機能・You Tube 検索」，https://www.youtube.com/intl/ALL_jp/howyoutubeworks/product-features/search/（閲覧日：2023 年 11 月 3 日）。

2 日本版 YouTube 公式ブログ（2021）「いよいよ日本で YouTube ショートが始まります」（7 月 13 日），https://youtube-jp.googleblog.com/2021/07/youtubeshorts.html（閲覧日：2024 年 2 月 1 日）

3 NTT 西日本 チエネッタ「Q. YouTuberって何ですか？」（2019 年 2 月 1 日現在），https://flets-w.com/chienetta/hobby/cb_otherl41.html（閲覧日：2023 年 11 月 1 日）。

4 ベネッセ教育総合研究所（2022）「ベネッセ教育情報 【小学生がなりたい職業】1 位は 3 年連続『ユーチューバー』」（12 月 20 日），https://benesse.jp/juken/202212/20221201-1.html（閲覧日：2023 年 11 月 1 日），および株式会社ベネッセホールディングスが 2022 年に実施した「進研ゼミ小学講座」が実施した「2022 年の出来事や将来に関する小学生の意識調査」を参考にしている。

5 小学館 デジタル大辞泉「インフルエンサー」goo 辞書，https://dictionary.goo.ne.jp/word/インフルエンサー/#jn-256112（閲覧日：2023 年 11 月 4 日）。

6 口コミによるインフルエンサーの概念を取り上げた書物として，マルコム・グラッドウェル著，高橋啓訳（2007）『急に売れ始めるにはワケがある－ネットワーク理論が明らかにする口コミの法則』SB クリエイティブ（Gladwell, M. (2002) *The Tipping Point: How Little Things Can Make a Big Difference*, Abacus）がある。

7 Muhlmeyer, M., and Agarwal, S. (2021) *Information Spread in a Social Media Age: Modeling and Control*, 1st edition, CRC Press（閲覧日：2023 年 11 月 4 日）.

8 臼井翔平，鳥海不二夫（2015）「情報拡散に影響するネットワーク構造特徴」『人工知能学会論文誌』第 30 巻第 1 号，195 ページ（論文：195-203 ページ）。

9 松井彩子（2021）「SNS における他者の存在の影響」『マーケティングジャーナル』

Vol.40 No.3, 67ページ（論文：67-77ページ）, DOI: 10.7222/marketing.2021.008（閲覧日：2023年11月4日）。

10 Kaplan, A. M., and Haenlein, M. (2011) Two hearts in three-quarter time: How to waltz the social media/viral marketing dance, *Business Horizons*, 54 (3), pp.253-263, DOI: 10.1016/j.bushor.2011.01.006（閲覧日：2023年11月4日）.

11 例えば，関連する研究としてGoldenberg, Han, Lehmann, and Hong（2009）やWatts and Dodds（2007）などがある。Goldenberg, J., Han, S., Lehmann, D. R., and Hong, J. W. (2009) The role of hubs in the adoption process, *Journal of Marketing*, 73 (2), pp.1-13, DOI: 10.1509/jmkg.73.2.1, Watts, D. J., and Dodds, P. S. (2007) Influentials, networks, and public opinion formation, *Journal of Consumer Research*, 34 (4), pp.441-458, DOI: 10.1086/518527（いずれも閲覧日：2023年11月4日）.

12 日本取引所グループ「業種別分類表」（平成15年6月2日現在）を参考にしている。https://www.jpx.co.jp/sicc/sectors/nlsgeu00000329wk-att/gyousyu.pdf（閲覧日：2023年11月3日）。

13 ロイター（REUTERS）（2023）「焦点：SVB破綻に見る，デジタル時代の『取り付け騒ぎ』の構図」（3月22日），https://jp.reuters.com/article/svb-sns-idJPKBN2VO06L（閲覧日：2023年11月25日），およびSVB破綻の要因に関しては，木内登英（野村総合研究所）（2023）「SVB破綻でFRBが自己の責任を認める調査報告書を発表：動き出した銀行監督，規制の強化」（5月1日），https://www.nri.com/jp/knowledge/blog/lst/2023/fis/kiuchi/0501（閲覧日：2023年11月25日）が参考になる。

14 FRB (2023) *Federal Reserve Board announces the results from the review of the supervision and regulation of Silicon Valley Bank, led by Vice Chair for Supervision Barr*, April 28, 2023, https://www.federalreserve.gov/newsevents/pressreleases/bcreg20230428a.htm, FRB (2023) *Review of the Federal Reserve's Supervision and Regulation of Silicon Valley Bank, led by Barr, S. Michael, Vice Chair for Supervision*, April 28, 2023, https://www.federalreserve.gov/publications/files/svb-review-20230428.pdf（閲覧日：2023年11月25日）.

15 大原剛三，斉藤和巳，木村昌弘，元田浩（2015）「情報拡散モデルに基づく社会ネットワーク上の影響度分析」『オペレーションズ・リサーチ』（2015年8月号），449-445ページ。

16 日本経済新聞「悪ふざけ動画，拡散止まらず　バイトがSNS投稿」（2019年2月19日），https://www.nikkei.com/article/DGXMZO41440830Z10C19A2CC0000/（閲覧日：2023年11月1日）。

17 バイトテロとは，飲食店などの従業員がいたずら・迷惑行為をSNSなどで拡散することをいう。参考：小学館 デジタル大辞泉「バイトテロ」，https://kotobank.jp/word/バイトテロ-2098121（閲覧日：2023年11月1日）。

第 7 章

経営はビジネスを育み，企業を成長させる

1 企業とは何か

本テキストにおいて，情報がビジネスやビジネスを担う企業の経営と密接に関わり，近年では情報活用を積極的に進める企業が増えている現状をさまざまな角度から取り上げてきました。では，そもそも企業（business enterprise）とはどのようなものを意味するのでしょうか。また企業が担うビジネス（business）とはいったい何なのでしょうか。ここで，企業やビジネスについてしっかり理解しておくことによって，企業の経営状況を読み取るのに必要な土台を形成します。

(1) 企業の定義

企業は「営利を目的として継続的に生産，販売，サービスなどの経済活動を営む組織体」をいいます[1]。アメリカの経営学者であるピーター・F.・ドラッカー（Peter F. Drucker）は，企業とは「人の生活と生き方を規定し，方向づけや社会観を定め，かつ問題を生み解決していく社会的組織」であり，「社会の代表的存在」と述べています[2]。加えて，企業が社会における中心的な組織や存在である以上，広く社会の信条や価値に貢献するために機能する必要性を示し，企業の存在意義に言及しています。このような考え方は，現代社会で浸透している**企業の社会的責任**（Corporate Social Responsibility，略称：CSR）に通じるものといえます。

さて，一口に企業といっても，実にさまざまな業種や形態があります。企業は私企業，公企業，公私合同企業の3つに区分されています（**図表7-1**）。そのうちの大多数が私企業（private company）です。本テキストで述べている企業は，基本的に私企業を想定しています。私企業は民間人が出資・所有し，経営を行う企業です。それに対し，公企業（public company）は国や地方公共団体が所有し，経営を行う企業です[3]。民間人による所有・経営を行う企業ですので，私企業は民間企業とよばれることもあります。また私企業は

図表7-1　企業の形態とちがい

	私企業	公企業	公私合同企業
所有（出資）	民間人（私人）	国，地方公共団体	民間人（私人）と国，地方公共団体の合同
経営	民間人（私人）	国，地方公共団体	民間人（私人）と国，地方公共団体の合同
目的	利益を営む	国民や地域住民に対する公益性のある事業を営む	公益性の強い事業を営む

出典：筆者作成。

利益獲得を目的に経営を行っており，それが営利企業とよばれる理由になっています。公企業は国民や地域住民に対する公益性のあるサービスを提供する目的であり，利益獲得を目的とする私企業とは異なります。私たちが暮らす社会において，一般に企業とよばれているのは，ビジネスを営み，利益を獲得する私企業であると考えていいでしょう。なお，公私合同企業（mixed company）は名称が表しているとおり，国や地方公共団体と民間が合同で設立した企業をいい，日本銀行がその一例です[4]。

経営学分野では，伝統的な理論としてアドルフ・A.・バーリー（Adolf A. Berle），ガーディナー・C.・ミーンズ（Gardiner C. Means）の「所有と経営の分離」という考え方があります。株式の所有者が増えてくると，実質的に出資者としての株主の支配が弱まり，株主から経営を委託された経営者の支配が強まるというものです[5]。

(2) 会社の種類

私企業には個人，組合，会社の形態があり，主は会社の形態をとっています。**図表7-2**は私企業のうち会社の形態を法的に区分したものを示し，会社は会社法によって「株式会社，合名会社，合資会社又は合同会社」（第2条1項）と定められています。それら4つの形態を商号といい，会社はいずれかの商号を必ず用いる必要があります。なお，株式会社以外の会社である合名会社，合資会社，合同会社を総称して持分会社といわれます（第575条）。

図表 7-2　会社の形態（商号）

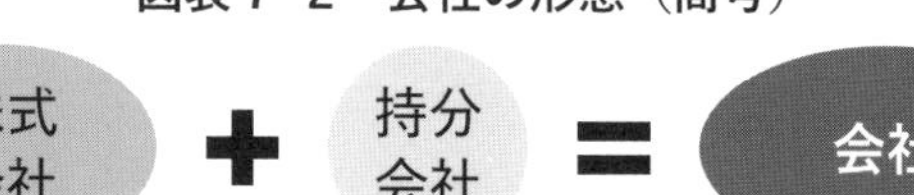

会社法（平成 17 年法律第 86 号）第 2 条 1 項、第 575 条

出典：e-Gov法令検索「会社法」，https://elaws.e-gov.go.jp/document?lawid=417AC0000000086（閲覧日：2023年11月4日）をもとに筆者作成。

会社法は 2005 年に成立し，2006 年から施行され，日本のすべての会社が従わなければならない法律とされています。会社法において，会社の設立，組織，運営および管理について他の法律に特別な定めがある場合を除き，会社法に従わなければならない（第 1 条）と規定されています。

2 経営って何？

(1) 経営とは

一般に，**経営**（management）とは，組織等が成果をあげるための道具，手法，機関，組織運営そのもの，管理を含む用語です[6]。第 1 節で述べた公企業，私企業も官民双方で経営という用語が用いられるのは，掲げる目的はまったく異なるものの，目的を実現するため活動を行い，管理・運営するという点で共通しているからです。すなわち非営利目的である公企業，営利目的である私企業のいずれにも経営はある訳です。よって，経営という用語は，公企業，私企業のいずれにも使われます。

本テキストで取り上げている営利企業ですが，利益獲得を目的として組織運営や管理を行っています。ではどのようにして営利企業は利益を得ているのでしょうか。また営利企業はどのように組織を管理・運営しているのでしょうか。以下では，ピザ宅配企業の例をあげて，利益獲得のメカニズムを簡単に説明してみることにしましょう。

(2) 経営活動の例

図表7-3はピザ宅配企業A社の経営活動を図式化したものです。A社は次のような一連の活動を通じて利益を得ようとします。このような活動には，注文を受けるスタッフ，ピザを調理するスタッフ，デリバリーするスタッフ，またピザを調理するための設備や器具，注文を受け，調理を行うための店舗といった人的資源や物的資源が欠かせません。さらに，スタッフの労働に見合う報酬（給料）や電気代や水道料金の支払，設備の維持管理用の代金支払といった必要な費用が別途生じます。

ピザ宅配は，注文者にピザを届け，代金を受け取るという一連の活動を通じて利益を得るというビジネスモデルです。費用発生という犠牲を払いつつ，利益獲得に向け行う活動全般を総称して「経営活動」とよびます。その前提として，A社が注文者から受け取る代金の合計が，経営に必要な費用を上回ることが，利益獲得には必須条件です。これが利益獲得のメカニズムです。

ここで述べた経営活動は一例にすぎませんが，スタッフと企業の雇用関係は経営活動によって得られた利益によって支えられています。スタッフが労働を通じてA社の経営活動に貢献し，A社はスタッフの労働に見合う報酬をスタッフに支払います。企業にとって獲得した利益はスタッフ報酬の原資と

図表7-3　経営活動の一例（ピザ宅配の場合）

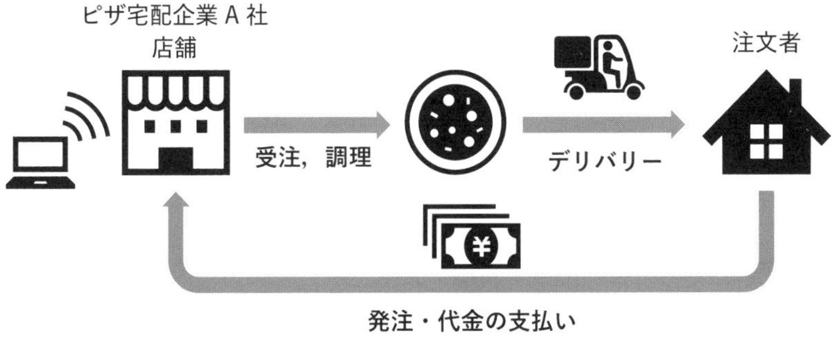

ピザ宅配企業A社
店舗
受注，調理
デリバリー
注文者
発注・代金の支払い

出典：筆者作成。

なり，報酬を得るスタッフは企業の経営活動を担うのと同時に報酬を得てそれぞれの生活基盤を形成しています。

3 ビジネスは利益を得るための「種子」

(1) ビジネスとは

企業は経営活動を行い，私たちの生活や暮らしが成り立っています。経営活動におけるあらゆる所作や動きが直接か間接かは別として「利益を得る」ことに関連しています。企業は利益を得るためにビジネスを行います。ここでいう**ビジネス**とは，商売や商い，事業を指すとされ，利益を得るためのさまざまな活動を含む用語です[7]。簡単にいえば，利益を生み出す「種子」がビジネスであり，その「種子」が芽を出し，水や肥料をやりながら世話をすることで，花を咲かせ成長した大木が「企業」といえます（**図表 7-4**）。

例えば，先ほどのピザ宅配企業Ａ社の例では「ピザを販売する」は利益を生み出す主要なビジネスです。またスポーツ用品小売企業Ｂ社にとって「ランニングシューズを販売する」も利益獲得のための主要なビジネスです。企業によっては主力ビジネスに加え別のビジネスを並行して展開しています。その理由は，主力となるビジネスを支える目的で，またビジネスを複数展開

図表 7-4　ビジネスの芽を育て，企業に成長させる

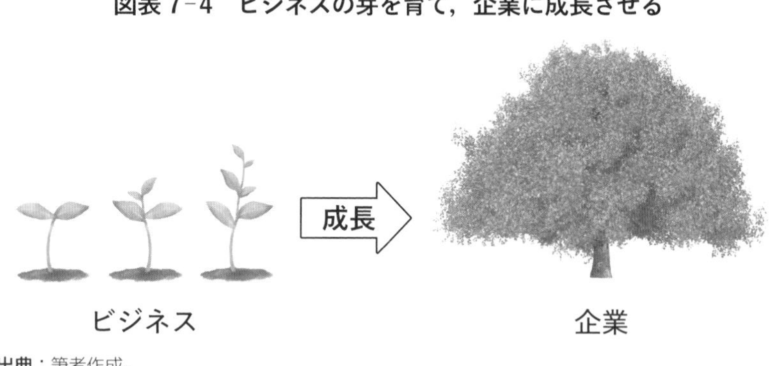

出典：筆者作成。

することによるリスク分散の狙いがあるからです。

(2) 利益を獲得するのは簡単な時代ではない

企業がビジネスを成長させることは簡単ではありません。たとえ成長したビジネスであっても安定させるのは，そんなにたやすいことではありません。現代は消費市場には商品や製品が飽和状態にある状況といわれています。消費者はそう簡単に購買行動を起こさない時代です。価格比較やレビュー，口コミといった情報をまず入手し，購入に至るまでよく情報を吟味してから決めるという慎重な消費者が増えています。

このような消費者優位とよばれる市場においては，商品の価格はある程度の価格帯におさまる傾向があります。企業が設定するというよりもむしろ，市場で取引されている価格を基準として，企業は価格設定を行う必要があります。例えばメーカーであれば，原材料の調達や製造にかかる費用（cost）をできるだけ抑え，販売価格を維持できるよう努力します。しかし，海外から原材料を調達している企業は，原材料価格の高騰により販売価格を上げざるをえない状況や，原材料が計画どおりに調達できない状況に陥ります。新型コロナウイルス感染症拡大でさまざまな業種で思うように生産を行うことができず，納期遅延が相次ぎ発生しました。

自動車業界も新型コロナウイルス感染症拡大や世界的な半導体部品の不足による多大な影響を受けています。世界の自動車メーカーは自動車の生産が計画どおりにできなくなり，結果として顧客からの注文を停止するなどの措置を講じました。また自動車の注文から顧客に届くまでの納期が数年かかる事例も少なからずあったようです。メーカー各社のWebサイトにおいて出荷目途に関する情報が掲載され始めたのもこの頃からです[8]。顧客が希望するタイミングで新車を発注できなくなることで，中古車市場にも影響が波及し，価格上昇を招きました。いうまでもなく，自動車メーカーの主力ビジネスは「自動車の生産・販売」ですから，顧客に自動車が届けられないことでその分利益を見込めなくなりました。

自動車メーカーの例はほんの一例ですが，企業の経営活動は，企業を取り巻く外部の環境変化によって大きな影響を受けます。リスクや脅威をある程度は予測しているものの，感染症拡大や自然災害，為替変動や経済事情など予測がきわめて難しい事象の発生により，企業の経営は安定から急速に不安定な状況に陥ります。

計画どおりに生産できない→販売できない→利益なし

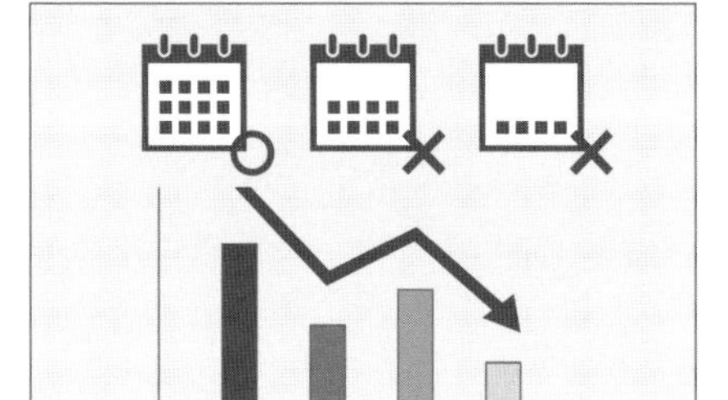

(3) 消費の決め手

先述した例で，A社，B社はいずれも商品（ピザやランニングシューズ）の価格（いわゆる単価）を設定します。その際，A社であれば，ピザ製造・販売に必要な材料費，スタッフの人件費，光熱費などの諸費用を考慮します。B社であればシューズメーカーW社から販売するために仕入れた（購入した）価格よりも利益分を上乗せして小売価格とします。

ある個人が何かにお金を使おうと検討しているとします。皆さんなら何を基準にしてその意思決定を行うでしょうか。求める商品や製品，サービス，いわゆる財・サービスを取り扱う企業が複数あった場合，検討する項目の中で皆さんの行動を決める要素は何でしょうか。何を決め手に選ぶのかは，人それぞれです。価格を購入の決め手とする消費者もあれば，製造元やサービス提供元の企業を基準に選ぶ消費者もいるでしょう。

消費者は自らのお金と引き換えに何かを手に入れるからこそ慎重になります。品質に絶対的な差がない前提で，消費者が他に重視したい点がなければ，少しでも低価格を提示した企業から購入したいと思うのも納得です。一方，利益獲得を目的に経営活動を行う企業からみれば，販売が成立しなければ，消費者から販売代金を得られず，利益はなしです。その場合，費用だけが発生することになります。

単に機能性に優れた製品を製造するだけでは消費者は手にとってくれません。SNS経由で製品の魅力や機能のよさを多くの人々に知ってもらうため，商品紹介の画像を広くに公開する企業が増えています。お買い得感をもたせることができるような付加価値をいかに高めるかも重要ですが，まずは消費者に製品を知ってもらうための取り組みや工夫が企業には求められます。インターネットを介して個人が情報収集を簡単にできる環境が整備された今だからこそ，消費者として何を基準に限りある資源としてお金を使っていくのかを常に考えるため，企業経営にとって楽な時代ではないことは確かです。企業やライバル企業の動向や取り巻く将来予測を含め情報収集・分析を綿密に行い，今後の経営活動に役立てなければなりません。

4 企業の経営は好調と不調の連続

企業の経営は船の航行に似ています。晴天続きで波が穏やかであれば，船は揺れも少なく静かに航行することができるでしょう。しかし，ひとたび嵐が起きればそうはいきません。荒波や強風が発生し，船は大きく傾き，相当な揺れが生じます。悪天候により座礁することや航行不能になることもあります。もちろん現代は造船技術の発達によって航行の安全性はかなり向上していますが，それでも自然の脅威に晒されるリスクをゼロにはできません。大海原で船を操舵するのは簡単ではないのです。

企業の経営には好調なときもあれば不調なときもあります。ビジネスを成長させ，安定して経営活動を行っている企業であっても，自然災害や事故といった不測の事態が生じればたちまち経営状況は厳しくなってしまいます。企業は経営活動を通じて必ず利益を得るという保証を得ている訳ではありません。業種や業界を問わず利益が確実に手に入る企業はないのです。それが，企業経営の難しさといえます。

経営方針の失敗や経営計画の不備などによって，企業の経営状況が危うくなった事例は歴史的にも数多くあります。経営者の行った決断や将来予測の甘さも経営を不安定にする要因になりますが，最近では情報拡散や情報犯罪といった情報に関連する要因が引き金となって企業の経営を危うくしてしまう事例も生じています。経営の立て直しがうまくいかなければ，最終的に最悪の事態を迎える，すなわち企業は倒産します。

企業は常にリスクや脅威に晒されながら経営活動を行っています。船の操舵の難しさを企業経営にたとえ，企業の**ガバナンス**（governance，ラテン語の「操舵する」を意味する単語から派生）という言葉が使われています。利益を獲得するために展開するビジネスがこれまでどおり好調であり続けるのか，さらなる企業の成長に向けて新たにビジネスを手掛ける必要はあるのかなどを念頭におきながら，利益の種としてのビジネスをいかに育み果実としての利益につなげていくかは，企業を構成する経営者はもちろん従業員個々の行動によるところが大きいといえるでしょう。

好調なときも不調なときもある経営の舵取りは難しい

◀注・参考文献▶

1 小学館 デジタル大辞泉「企業」コトバンク，https://kotobank.jp/word/ 企業 -50116（閲覧日：2023 年 11 月 4 日）。

2 Drucker, P. E. (1946) *Concept of the Corporation*, John Day Company. 上田惇生訳（2005）『企業とは何か－その社会的な使命』ダイヤモンド社，6 ページ。

3 小学館 デジタル大辞泉「公企業」コトバンク，https://kotobank.jp/word/ 公企業 -61698（閲覧日：2023 年 11 月 4 日）。

4 小学館 日本大百科全書「公私合同企業」コトバンク，https://kotobank.jp/word/ 公私合同企業 -1532695（閲覧日：2023 年 11 月 4 日）。

5 伊丹敬之，加護野忠男（2023）『ゼミナール経営学入門（新装版）』日本経済新聞出版社，202 ページ。Berle, A. A. and Means, G. C. (1991) *The Modern Corporation & Private Property*, 2nd edition, Routledge（日本語訳：A.A.・バーリ，G.C.・ミーンズ著，森杲訳（2014）『現代株式会社と私有財産』北海道大学出版会）.

6 ピーター・F.・ドラッカー（2001）『マネジメント－基本と原則』ダイヤモンド社，およびピーター・F.・ドラッカー（1999）『明日を支配するもの－ 21 世紀のマネジメント革命』ダイヤモンド社。

7 英辞郎 on the WEB「business」，https://eow.alc.co.jp/search?q=business および goo 辞書「business」，https://dictionary.goo.ne.jp/word/en/business/（いずれも閲覧日：2022 年 4 月 2 日）。

8 トヨタ自動車株式会社「生産遅延に基づく工場出荷時期目処の一覧」，https://toyota.jp/news/delivery/，および本田技研工業株式会社「2023 年 8 月-9 月 Honda 四輪完成車工場生産稼働率・モデル別 工場出荷予定一覧（2023 年 9 月 7 日時点）」，https://global.honda/jp/info/20210825.html?from=top_announce_area（いずれも閲覧日：2023 年 11 月 5 日）。

第 8 章

経営資源が企業を支える

1 経営資源の要素

ビジネスを担う企業の経営活動（いわゆる企業経営）について学んでいくにあたって，経営資源について理解することが必要です。**経営資源**（management resource）は企業にとってかけがえのない大切な要素であり，「ヒト，モノ，カネ」が3要素と古くからいわれてきました。近年になって，情報を加えた「ヒト，モノ，カネ，情報」という4要素で説明されることが一般的になっています（**図表8-1**）。以下で説明しますが，経営における「情報」の重要性が高まる中で，情報が他の3要素と有機的につながり，経営資源の中心的な役割を果たしつつあるといえます。

とりわけ情報が経営資源に加わる背景には，大きく2点あります。1点目は，情報が現代の企業経営にもたらす影響度です。すでに本テキストでも述べていますが，情報は経営を大きく左右する影響力をもつことを，皆さんもじゅうぶん認識していると思います。2点目は情報と3要素「ヒト，モノ，カネ」とのつながりです。経営において，情報が独立した1要素という位置づけではなく，むしろ各要素に融合する特殊な要素であり，また経営で取り上

図表8-1　経営資源の4要素

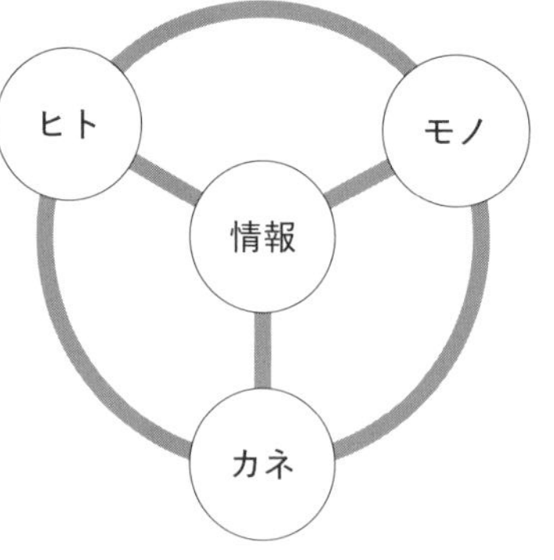

出典：筆者作成。

げられる情報の概念がより一般化している背景もあるようです[1]。

経営資源の概念については複数の研究分野で議論され，整理がなされています。例えば，経営戦略論の分野においては「企業の効率と有効性向上のための戦略策定と実行に寄与しうる資産，能力（capabilities），組織プロセス，企業特性，情報，知識など」[2]と定義されており，この時点で経営資源には情報が含まれると考えていたことがわかります。一方，会計学の分野においては経営資源を「貨幣額による測定の難易にかかわらず，企業の収益獲得のために貢献しうるもの」とされています[3]。

諸説はありますが，経営資源は資源という言葉で連想できるとおり，どの要素が欠けても経営は成立しません。また経営資源は資源（resource）という名のとおり，無限ではありません。有限であるという特徴が経営資源に対する企業の考え方や方針のちがいを生み出します。では，経営資源がどのように企業を支えているのでしょうか。以下では経営資源についてみていくことにしましょう。

2 ヒトおよびヒトで構成される組織

(1) 経営資源としてのヒト

経営資源の１つの要素が，ヒト（people）です。人的資源（human resource）ともよばれます。企業の経営者，従業員，さらに組織も含みます。アメリカの経営学者であるピーター・F.・ドラッカーは企業に関して次のように述べています。すなわち「企業は人が想像し，人がマネジメントする。企業は人以外の力がマネジメントするものではない」[4]という主張のとおり，まさに「人」が企業の経営活動を担う，きわめて重要な資源です。

一方，従業員が経営上必要な活動を所属部署や担当の役割に応じて実行します。いくら経営者が綿密な将来予測のもと慎重に経営方針を立てたとしても，経営方針に沿って活動を行うのは従業員一人ひとりですので，彼らの活動内容や出来栄えが企業業績に直結します。利益目標を達成できるかどうかは従業員次第です。企業の人事部門がこぞって就職活動に熱心であるのは，費用と時間を投資して優秀な人材を一人でも多く雇用したいと考えているからです。優秀な人材は企業に利益をもたらし，ひいては企業経営に貢献してくれることを経験則として理解しているためです。企業が給料やボーナスに見合う優秀な人材を確保したいと考えるのは，ある意味当然の帰結ではないでしょうか。企業経営に貢献できない人材を雇用して支払う給料ほど，企業経営は楽ではありませんし，資金も貴重な経営資源だからです。

利益獲得に貢献できる優秀な人材が求められる

(2) 企業組織の形態

人材が企業における部署に所属し，チームや組織を構成します。企業組織の構成員として，従業員が自らの能力や専門知識，スキルを発揮し，経営活動の一端を担うことが企業経営の持続的安定につながります。主力ビジネスに注力するための組織形態をとる企業もあれば，中核となるビジネスを柱に，関連する複数のビジネスを展開するための組織を持つ企業もあります。

ヒトが集い，企業組織を構成する

企業組織にはさまざまな形態がありますが，ここでは職能別組織，事業部制組織とよばれる主な組織形態を紹介しておきます[5]（図表8-3）。**職能別組織**（Functional Organization）は，営業，製造，人事・総務，経営・財務，研究開発などといった業務を職能ごとに分け，構成された組織をいいます。従業員やスタッフが所属する部署で専門性を活かして効率的に活動を行うことができるという点がメリットです。デメリットは，部署間で活動評価や意見が食い違い，時に対立する場合がある点です。こういった場合，最終的に経営者が部門間の調整をはからなければならないケースにも発展し，経営者にとって負担になってしまうことがあります。

展開するビジネスが多くなることを多角化といいますが，多角化する場合には職能別組織では対応が難しくなります。**事業部制組織**（Divisional Organization）は，本社部門の下に，いわゆるビジネスや製品ごとに独立した組織を設ける形態をいいます。事業部制組織は利益目標を設定しやすく，迅速な意思決定を可能にしますので，職能別組織では実現できない多角化に対応した組織形態であるといえます[6]。本社部門の負担を軽減し，部門間で社内競争力が高まるという利点を有しています。事業部制組織を採用する企業には，各事業部を統括して管理する本社部門が別途設けられます。一方で，各事業部にそれぞれ職能別部署が必要となるため，資源が社内で重複してしまう傾向があります。また事業部間ですべてが独立してしまうため，事業部という垣根を越えた人材や技術，情報のやりとりが難しくなるのも短所とい

図表8-3　企業組織の主な形態と事例（1）

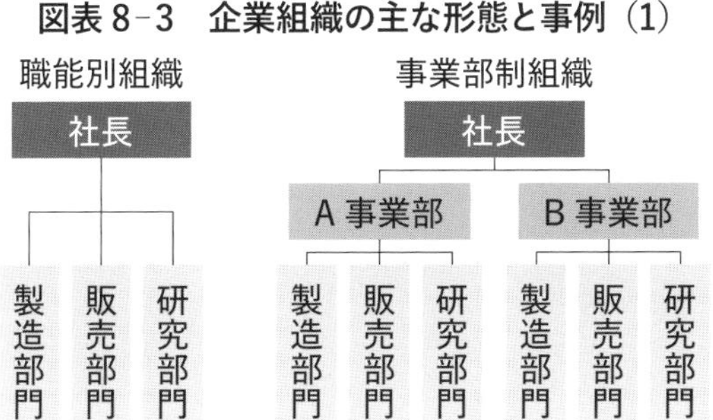

図表 8-3　企業組織の主な形態と事例（2）

〈職能別組織の例：ファミリーマート〉

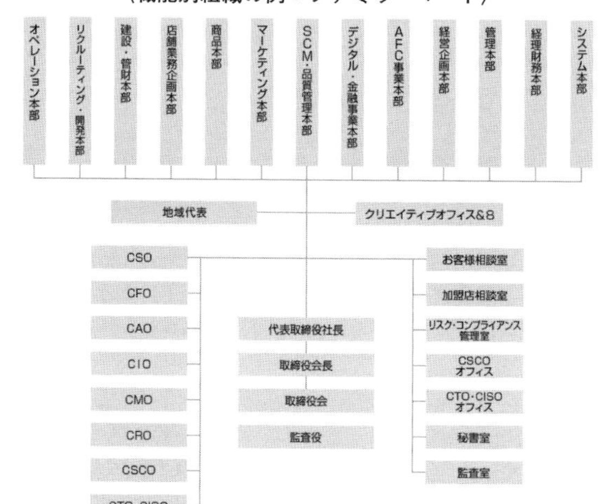

〈事業部制組織の例：パナソニック〉

中国・北東アジア社
- スマートライフ家電事業部
- 住建空間事業部
- 台湾事業部

くらしアプライアンス社
- キッチン空間事業部
- ランドリー・クリーナー事業部
- ビューティ・パーソナルケア事業部

空質空調社
- HVAC欧州事業部
- 設備ソリューションズ事業部
- 住宅システム機器事業部
- マーケティング本部
- ソリューション・エンジニアリング事業本部
- 空調デバイス事業部

コールドチェーンソリューションズ社
- ハスマン（株）
- コールドチェーン事業部

エレクトリックワークス社
- ライティング事業部
- 電材&くらしエネルギー事業部

- 海外マーケティング本部
- コンシューマーマーケティングジャパン本部
- CVC推進室（コーポレートベンチャーキャピタル）
- パナソニック サイクルテック（株）
- パナソニック エイジフリー（株）

出典：株式会社ファミリーマート「組織図」，https://www.family.co.jp/company/familymart/organization.html（2023年11月1日現在），パナソニック株式会社「事業体制」，https://www.panasonic.com/jp/about/corporate-profile/organization.html（いずれも閲覧日：2023年11月7日）。

われています。なお，ファミリーマートが職能別組織であるのに対し，パナソニックは事業部制組織をそれぞれもつことが，各社 Web サイトによる情報からわかります。

3 カネは経営のもとで

(1) 資金としてのカネ

経営資源の２つ目の要素が，カネ（money）です。ここでいうカネは，現金そのものより，企業経営のもとで，原資という意味を指しています。企業経営やビジネスにおいて，資金（capital，fund）とよばれるのが一般的ですので，以下では，資金という用語を使って説明を行っていきます。

企業経営にとって欠かせない経営資源の１つとして，資金は企業のあらゆる活動において常に出入りするものであり，また忘れてはならないのが限りあるものだという点です。営利企業は利益獲得を目的に経営活動を行う組織ですから，限りある資金を効果的かつ効率的に使いたいと常日頃から考えています。つまり，資金を何に，いつ，いくら，どうやって使うことが，企業の利益獲得に貢献するのか，また企業の持続的発展を実現するのかについて，じゅうぶん戦略を練り，資金の使い道に関する複数の選択肢の中から，経営者が投資の意思決定をします。

投資という用語は「資金を投下する」を意味します。将来何かを得るためにいま資金を使うといった意味合いから，個人や企業いずれの行動にも用いることができる用語です。個人が限りある収入の中から蓄えを増やそうとある企業の株式を購入するという行動は，株式投資とよびます。また企業が利益獲得に活用するために設備を取得するという行動を，設備投資とよんでいます。このような例からわかるように，資金は「投資のもとでとなるカネ」を指すのです。

(2) チャンスを生かす資金の有効活用

私たち個人の一般的な感覚では，現金や預金をできるだけ手元に保有しておいた方がよいというイメージを抱く傾向にあります。しかし，必ずしもそうすることがよいとは言い切れません。個人が何も後先のことを考えず，ただ現時点での欲求を満たすことを優先した使い方（過度な消費や貯蓄）を続けていれば，資金のもつ本来の効用を得ることはないでしょう。むしろ有効に使ってこそ，資金は資源としての輝きを増し，将来への活力や発展をもたらすといえます。企業にとっても個人と同様であり，経営活動で得た資金をただ貯めこむだけでは将来に対して行動しているとはいえません。現金や預金を不測の事態に備えてある程度保有しておく必要はありますが，資金を過度に保有し，投資を怠ってしまえば，将来生み出すべき売上や利益の獲得を実現できない事態になってしまう恐れがあるからです。

現代は低金利時代といわれています。金融機関に現金を預け入れ，利息を受け取る権利が生じたとしても，利息収入はごくわずかです。ましてや預金による利殖はほぼ期待できないでしょう。何年も動かず眠っている現金や預金の状況は，企業が資金を有効に活用できておらず，無駄が生じている証しといえます。そうなると，防犯上の面はさておき，資金が滞留状態となり，せっかくのビジネスチャンスを逸してしまうことになりかねません。

(3) 投資が企業の将来を変える

優秀な経営者であるほど，企業業績が好調であるほど，将来について不安を感じるのはなぜでしょうか。その理由は，好調は永遠に続かないことをよく知っているからです。好調なときであればこそ，展開するビジネスの数十年先を見据え，分析に基づく予測を立てることに時間と資金を惜しみません。複数の選択肢の中から最終的に計画を選択し，実行に移していきます。早めに将来へ備えておくことで，企業が直面する経営上のリスクや脅威を最小限に食い止め，長きにわたって企業の経営を安定させようと努めようとします。

将来予測のもと意思決定する経営者

経営者は企業にとって最適な投資先を見極め，投資の意思決定を判断し，実行できる資質も欠かすことはできません。限りある資金をいかに有効に活用するか，すなわち積極的な投資の実行が，将来のビジネス成長や利益獲得の種まきにつながるからです（**図表8-4**）。過去の企業業績，他社や消費者の動向，業界の趨勢や将来見通しに関して情報を収集し，それらの情報を駆使して投資を実行するという意味では，情報分析力や専門知識を兼ね備えた資質を現代の企業経営者は求められるといえるでしょう。

資金は流れがあってはじめて効果をもたらします。企業にとって，主力ビジネスだけでなく，成長の芽が期待できると思われるビジネスに対して，必要なタイミングで資金を投下することを通じて，将来さらなる利益創出を効果的に実現する可能性を生み出します。先見性のある投資の実行ができるかどうかが，現代の厳しい競争社会に生き残ることができる企業であり続けるか否かの命運を分けるといっていいでしょう。

経営者の資質として，リーダーシップを発揮し，ヒトや組織を束ねることも重要です。しかし，リーダーシップだけでは企業の経営を担うことは事実上不可能でしょう。企業の資源を有効活用するという意味において，ヒトの管理も大切ですが，カネも非常に重要な資源です。

図表 8-4　資金の有効活用

現金や預金をただ保有する
⇒事業に生かされていない
（無駄の発生）

ビジネスや資産への積極投資
⇒将来の利益獲得
（もうけの種まき）

出典：筆者作成。

4 価値あるモノが機能する

経営資源の3つ目の要素は，モノ（goods）です。物的資源（material resource）ともよばれます。ここでは，衣料品の製造を手掛けるアパレルメーカーを想定し，モノを考えてみましょう。衣料品，中でも既製服という意味を有するとされるアパレル（apparel）ですが，そのアパレル製品を製造するために，アパレルメーカーは原材料をはじめ，設備や機械，工場や倉庫などの建物，建物を構える土地などが必要です。それらはすべて企業経営を支える経営資源のモノと考えるとよいでしょう。

見込み生産のメーカーでは，製造を終えた完成品は出荷するまで一時的に保管する巨大なスペースを要します。メーカーによっては，製品の点数や種類などの生産調整を行いながら，スペースを有効活用しています。また製造に必要な原材料ですが，適正な数量を仕入れなければ使い切らずに来年に繰り越すことになり，倉庫のスペースをその分占有してしまいます。売れ残った製品も倉庫面積を占めていきます。

一般的に在庫（stock）というビジネス用語があります。これは文字どおり

図表8-5　在庫管理の適正性

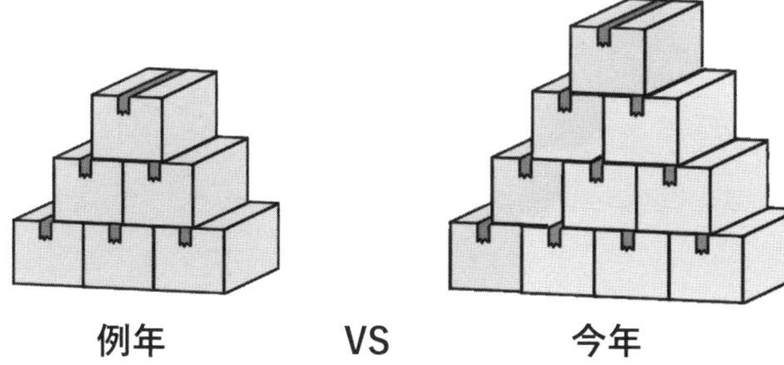

出典：筆者作成。

「倉庫に在る」という意味です。企業が適正な量や数で在庫管理をせず放置すれば，スペースにも限りがありますので保管されるモノがあふれてしまいます。そうならないよう，企業は原材料の仕入点数や製品の製造数量などを調整し，在庫を管理するのです（**図表8-5**）。

またアパレルメーカーが製品を出荷し，販売を担う卸売業者や小売業者に届けるために運搬用トラックを自社で保有する場合もあるでしょう。そのトラックも利益獲得に活用するために取得された経営資源としてのモノに該当します。最近では，ものづくりを行う企業が物流を専門とする業者に製品の運搬を依頼することも多く，その場合は自社で運搬用トラックを保有しないですむという利点があります。トラックを所有するとなれば，初期投資としてトラックの購入代金がかかりますし，複数台であればかかる金額も掛け算になります。ドライバーを雇用し，トラックの維持管理するための費用が別途生じます。そのようなトラックを取得・保有するのに生じる一連の金額と，物流業者へ支払う輸送代金とを比較したうえで，いずれが企業にとってのメリットなのかを判断します。

5 ビジネスや経営を変える情報

(1) 情報を駆使するニーズ

経営資源の4つ目の要素が，情報（information）です。情報的経営資源（informational resources）[7]ともよばれます。経営資源としての情報は蓄積される場所によって2つに区分することができます。

1つ目は，企業内部に蓄積される情報です。企業が独自で有する技術やノウハウ，顧客情報などがあり，広い意味で関連する情報知識も含まれます。企業に所属する従業員やスタッフの卓越した技術もれっきとした経営資源です。先に述べた在庫管理や生産調整においても情報は欠かせませんし，企業組織における従業員の適正な配置についても情報が役立ちます。顧客情報も企業にとっては価値あるものです。顧客が何を求め，満足度を高めるかについての情報を将来のビジネス展開に活かすことができます。

2つ目は，企業外部で蓄積される情報です。企業のブランド（brand，商標）やレピュテーション（reputation，評判），企業イメージ，信用力といったものがあります。企業は，情報が企業に新たな価値をもたらす資源と認識し，情報収集に時間と費用をかけて取り組みます。企業が消費者に対して実施するアンケートはこの一例です。消費者から直接回答を得ることで，ニーズや好み，満足度などのデータを独自にとりまとめることができますので，データ分析を通じて最終的には情報は企業経営のさまざまな活動や場面で活用されています。

(2) 資源としての情報活用の難しさ

このような情報という資源ですが，企業が経営活動を行ううちに蓄積され，繰り返し利用が可能であるという長所を有しています。ただし，ビッグデータのような膨大かつ高度なデータを情報資源としていかに適切かつ有効に活用していくかが，難しくなってきています。情報に関するより高い専門性を有する人材や組織体制づくりが企業には必要になっています。

資源としての情報は，消去が難しいという性質をもちます。先述しましたが，情報の企業経営にもたらす影響力や波及効果は日増しに大きくなっています。すでに本テキストにおいても，情報がいかにビジネスや企業の経営活動に役立てられているかについては説明しているところです。情報がビジネスや企業の伝統的なありようを変化させています。

情報は，いまや新たなビジネスや業種を生み出し，古くから存在する企業の組織形態や経営戦略にも影響を与えています。現代は情報化社会やデジタル社会ともいわれていますが，そういった時代では，ビジネスを担う企業の情報ニーズは高まる一方です。情報の収集，分析，さらには活用に長けた企業が厳しい企業間競争を制することができるのです。

例えば，観光業においては，訪れた観光客のスマートフォンの位置情報から，観光客の属性・行動などの情報を収集・分析し，サービス向上に活かした事例があります[8]。いわゆる，スマートフォンを用いて人の動きや周囲の状況をセンシングする「モバイルセンシング」を活用したもので，取得データから観光客の動態をとらえ，観光振興につなげようとする動きです[9]。農業において，農作物名称の体系や作業環境などをデータ化し，分析することによって農業経営をサポートするといった事例があげられます[10]。また企業間で経営資源をうまくマッチングさせるサービスも提供され始めています[11]。

ここで紹介したのはほんの一例であり，企業が蓄積する情報はデータとして有効に活用されています。まさに，情報が経営を制する時代です。情報が企業経営の根幹となりつつあります。業種や業態を問わず，情報はヒト，モノ，カネと有機的に結びつきながら，価値ある資源として企業経営に欠かせない存在です。

情報活用が企業経営を支える

◀**注・参考文献**▶

1 田上博司（2016）「情報要素の融合による経営資源の変質－経営情報学の役割」『阪南論集 社会科学編』第51巻第3号，251ページ（論文：239-252ページ）。

2 Barney, J. (1991) "Firm resources and sustained competitive advantage", *Journal of Management*, 17, pp.99-120. Wernerfelt (1984: 172) は経営資源を「企業に継続的に属する有形，無形の資産」と定義している（Wernerfelt, B. (1984) "A resource-based view of the firm", *Strategic Management Journal*, 5, pp.171-180)。

3 藤田誠（1999）「経営資源，組織能力と組織デザイン」（21世紀の企業経営）『經營學論集』第69巻，246-251ページ（新井清光（1996）『新版・財務会計論（第3版）』中央経済社，110-111ページなどを参考に，藤田が経営資源の概念整理をしている）。

4 Drucker, P. F. (2006) *The Practice of Management*, Reissue, Harper Business（P.F.・ドラッカー著，上田惇生訳（2006）『ドラッカー名著集2　現代の経営［上］』ダイヤモンド社）.

5 伊丹敬之，加護野忠雄（2023）『ゼミナール経営学入門（新装版）』日本経済新聞出版，297-302ページ。企業組織にはマトリックス組織とよばれるものもあるが，ここでは取り上げていない。詳細は，同書，303-306ページを参照。

6 野村総合研究所「事業部制」，https://www.nri.com/jp/knowledge/glossary/lst/sa/jigyoubu（閲覧日：2023年11月7日）を参考にした。

7 ブリタニカ国際大百科事典 小項目事典「情報的経営資源」コトバンク，https://kotobank.jp/word/ 情報的経営資源 -160425（閲覧日：2023年11月8日）。

8 例えば，沖縄市では，観光客の携帯端末の位置情報データから沖縄市内に30分以上滞在した来訪者のデータを抽出し，来訪者の属性や行動の特性を把握，調査期間および市内外の観光エリア（10箇所）を設定することで，来訪時期や来訪場所による傾向分析を行っている（沖縄市（2022）「観光統計調査業務 報告書」（3月），https://www.city.okinawa.okinawa.jp/documents/1507/r3kankoutoukei1.pdf（閲覧日：2023年11月8日）を参考にした）。

9 相原健郎（2020）「外国人観光客の動きを把握するモバイルセンシング 東京2020大会の先を見据え，観光振興に貢献」『NII Today（国立情報学研究所ニュース）』第68号（5月），4-5ページ，https://www.nii.ac.jp/userdata/results/pr_data/NII_Today/63/p6-7.pdf（閲覧日：2023年11月8日）。

10 農研機構，国立情報学研究所（2019）「コンピュータのための知恵袋，農作物語彙体系を構築－農作物が名前を変えても追跡できる環境構築－」（4月16日），https://www.nii.ac.jp/news/upload/nii_newsrelease_20190416.pdf（閲覧日：2023年11月8日）。

11 国土交通省（2018）「ヒト・モノ・カネ・情報の流れを生み出すしくみの例」，国土審議会計画推進部会稼げる国土専門委員会『大都市圏と地方都市等との重層的な連携に向けて～大都市の「知的対流拠点」を中心に～（案）』（4月）11ページ，https://www.mlit.go.jp/common/001231520.pdf（閲覧日：2023年11月8日）。

第 9 章

経営における資金調達

1 経営活動と資金の関係

企業にとって，経営資源がいかに重要な要素であるか，前章において述べました。企業は営利企業と非営利企業に区分されますが，本テキストが主に対象とするのは利益獲得を目的に経営活動を行っている営利企業です。実際，企業と聞いて多くの方々が連想するのは営利企業であると思います。特に説明のない限りにおいては企業という表現は，一般に営利企業を指すと理解してよいと思います。

さて，企業の経営は日々の活動を通じて行われます。経営活動において資金は常に循環する必要があります（**図表 9-1**）。経営における資金の滞りは企業の経営活動に支障を与えるばかりか，経営そのものを圧迫する事態を招きます。人間の血液循環を想像してみれば，この資金循環の大切さを理解できるでしょう。

経営活動は主に財務活動，投資活動，営業活動という3つの活動に区分され，それぞれ次のように説明することができます[1]。

第一に，資金調達に関する活動を財務活動とよびます。企業が銀行などの金融機関から資金を借り入れ，あるいは金融市場を経由して出資者（株主）

図表 9-1　経営活動と資金の関係（資金循環）

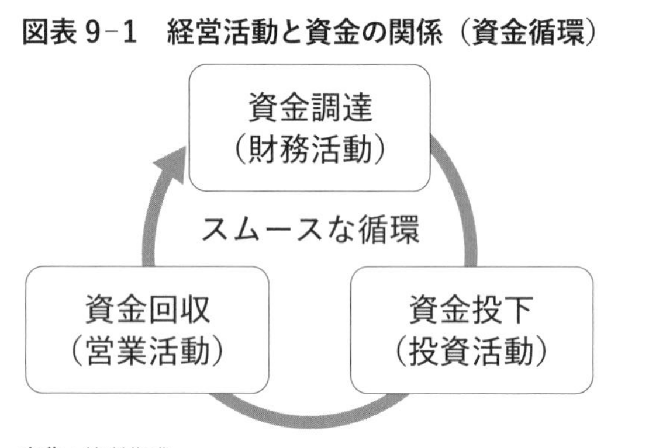

出典：筆者作成。

から資金の出資を得るといった，経営活動に必要な資金を調達する活動をいいます。企業の経営活動は，その活動の原資となる資金を企業外部から調達することから始まるといっていいでしょう。

第二に，資金投下に関する活動を投資活動とよびます。商品や製品を売るために店舗用の土地や輸送用の車両を入手し，また資金を増やす目的で株式を購入するなど，調達した資金を企業の経営活動に投下する活動をいいます。企業は調達した資金を有効にかつ効率的に活用し，将来の利益獲得に結びつけたいと考えています。将来のためにいま資金を使うというスタンスで，さまざまな資産の取得に資金を使っていきます。

第三に，資金回収に関する活動を営業活動とよびます。販売活動とよぶこともあります。サービスの提供と引き換えに顧客から代金を受け取る，サービスを提供したスタッフに給料を支払うといった，利益を得るための活動をいいます。企業は取得した土地や設備などの資産を活用し，商品や製品を顧客に販売することによって利益を得ます。利益は外部からの資金回収を意味し，企業にとって将来の資金源となり，経営活動に生かされます。それでは，以下の節で活動別に内容をみていくことにしましょう。

2 資金調達が経営活動の始まり

企業外部から経営に必要な資金を調達する主な方法には，金融機関からの借入（かりいれ，とよみます）や社債発行，株式発行があります（**図表9-2**）。どのようなビジネスを始めるにしろ，資金の準備と確保がファーストプライオリティ（第一優先）です。企業の設立時だけでなく，経営を続けるかぎり企業は資金を欠かすことはできません。また資金は一度調達すれば終了という代物ではなく，経営活動を円滑に行い，経営の安定化をはかるうえで，必要なタイミングで必要な金額の資金を調達可能であることが企業に求められます。

もちろん企業は現金預金を保有しています。その現金預金を必要なときに

図表 9-2　企業の主な資金調達方法

金融機関からの借入
- 間接金融

株式発行，社債等の発行
- 直接金融

出典：筆者作成。

すべて使い切ってしまえばいいと考える人がいるかもしれませんが，ごく一部の資金繰りが困難な事例を除き，企業が保有する現金預金すべてを設備やビジネスへの投資資金に充当することは現実的ではないでしょう。企業は経営上のリスクや脅威に直面する可能性を考慮しつつ，備えておく必要があり，手元の資金を使い切るというリスクをとらないからです。

皆さんに理解していただきたいのは，理想的な企業は，資金を適切な時期に，かつ適切な金額を外部から調達可能であるという点です。企業の立案した計画に従って，調達資金を確保でき，その資金を有効に活用して利益創出につなげ，資金を回収するという円滑な資金循環が企業の経営基盤を盤石なものとします。もたらされた利益によって企業が回収した資金は，次なる投資の原資となっていきます。

3 借入による資金調達

(1) 資金の供給者と需要者を仲介する金融機関

皆さんは「融資を受ける」という言葉を聞いたことがあるでしょうか。融資は文字どおり「資金を融通する」を指します。融資を行う主体は金融機関であり，個人や企業に資金を融通して貸し出すことを融資とよんでいます。融資を受ける主体は個人や企業であり，資金を借り入れる側です。また融資と類似する意味の用語として，貸出や貸付という用語があります。融資が資金のみを扱うのに対し，貸出や貸付は資金だけでなく，物品や権利を取り扱う点に両者のちがいがあります。以下では，皆さんに理解しやすい用語として一般的な「貸出」と「借入」を用いて説明していきたいと思います。

貸出と借入は立場によって使い分けられます。貸出は資金を貸し出す金融機関を主語として用いられ，借入は資金を借りる個人や企業を主語として用いられます。いずれにせよ，企業にとって金融機関からの資金の借入は資金調達の非常に重要な手段です。それは，企業だけに限ったことではなく，個人にとっても金融機関から資金を借り入れる場合が生じます。個人は通常自らの収入に基づき日常生活を送りますが，人生において年収の何十倍もの金額の財産を手に入れるために，金融機関から資金を借り入れるケースがあります。

さて，金融機関が企業や個人に対する資金の貸出を行います（**図表9-3**）が，その際「もとで」となる資金はそもそも金融機関の財産ではありません。貸出の原資は預金者である個人や企業から預かった現金です。よって，各預金者は資金供給者であるものの，その預金を貸出の原資としてどの資金需要者に，いくら貸し出すのかを決めるのは，あくまでも金融機関です。

図表9-3　金融機関からの借入（間接金融の例）

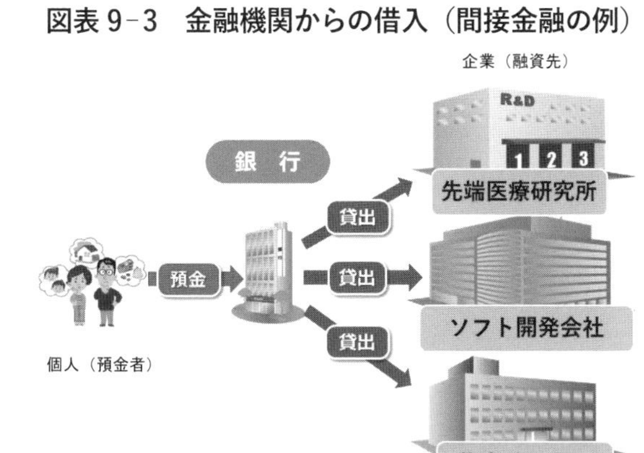

出典：一般社団法人全国銀行協会（2012）「あなたと銀行のかかわり」，https://www.zenginkyo.or.jp/education/（閲覧日：2023年11月10日）をもとに筆者加筆・作成。

金融機関が資金供給者と資金需要者をつなぐ

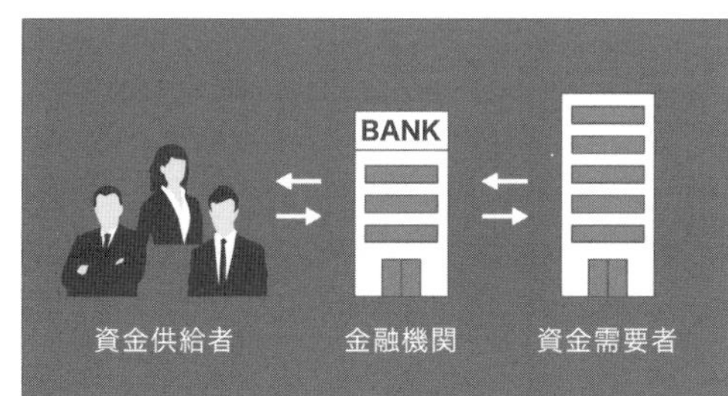

一方，金融機関から資金を借り入れる企業や個人は何らかの資金ニーズがある点で資金需要者とよばれますが，もともと誰が預け入れた資金なのかを一切知ることはありません。金融機関は預金者からの預入を通じていったん得た資金を，資金を必要とする個人や企業に貸し出すという資金の仲介者としての役割を果たしています。このようなしくみを**間接金融**とよびます。

(2) 審査を経て貸出は実行される

企業は金融機関から資金を借り入れる際，企業の経営状況に関する詳細な情報を提示したうえで，資金の借入が可能かどうかの審査を受けることになります。企業が展開するビジネスの状況を示す企業業績や資金繰り，経営の将来見通しといった多岐にわたる情報の提示を求めます。

審査は金融機関にとって貸出可否を決めるうえで必須条件です。審査にあたり，金融機関は企業に対して貸し出す予定の資金がどのような目的で使われるか，その目的は経営において将来性や成長性に寄与し，企業の利益獲得に結びつくかどうかも含め精査します。金融機関は貸出基準にもとづき企業から提示された情報を慎重に検討し，勘案したうえで総合的に審査判断を下します。当然ですが，企業が希望する貸出金額を貸出後に返済計画に従ってきちんと返済する見込みがあるかどうかも審査においては重要なポイントとなってきます。

金融機関の審査を経て無事に貸出が実行可能と判断された時点ではじめ

て，企業は資金の借入ができます。これは，れっきとした財務活動です。借り入れた資金（元本）は，執行計画に従って資金を投下する活動（投資活動）を進めつつ，返済計画に沿って借り入れた資金と利息を合わせて着実に返済していきます。なお，投資活動については後で述べていきます。

一方，金融機関の貸出が実行不能になった場合，資金調達ができないため，企業の投資計画は頓挫します。たとえ新たな設備購入や事業展開を計画していても実現できなくなり，大幅な計画見直しを余儀なくされてしまいます。そればかりか，企業が経営状況の悪化やなにがしかの理由で資金不足に陥った場合，さらに資金繰りが難しくなります。そのような状況になって金融機関に借入を依頼しても，結果は火をみるよりも明らかです。金融機関は返済見込みのない企業や個人に対し，貸出を行いません。預金者から預かった大切な資金を失う可能性のある案件には手を出したくないからです。借入が見込めなくなる場合，資金不足から一気に倒産に至る事例は珍しいことではなく，資金循環が停滞すれば，経営のあらゆる活動に影響が生じ，活動自体が難しくなってしまいます。

(3) 社債，コマーシャル・ペーパーの発行

社債（bonds payable）とは，企業が資金調達の目的で発行した債券をいいます[2]。社債は金融市場において発行されます。発行企業が資金調達を目的として出資者を広く募るという，**直接金融**とよばれる資金調達方法の1つです。後に取り上げますが，株式と社債はいずれも資金調達を目的に発行されるものであり，金融市場で出資者を募る点は共通しています。ところが，社債発行には返済義務が生じますが，株式発行には返済義務が生じません。株式発行については後ほど説明します。

また比較的に財務体質が健全な企業が，短期的な資金調達を目的として公開市場で発行する割引方式の無担保約束手形を，**コマーシャル・ペーパー**（Commercial Paper，略称：CP）といいます[3]。社債と共通しているのは，企業が公開市場で直接資金を調達する点です（**図表9-4**）。ちがいは社債は1年以

図表 9-4　社債，コマーシャル・ペーパーの発行

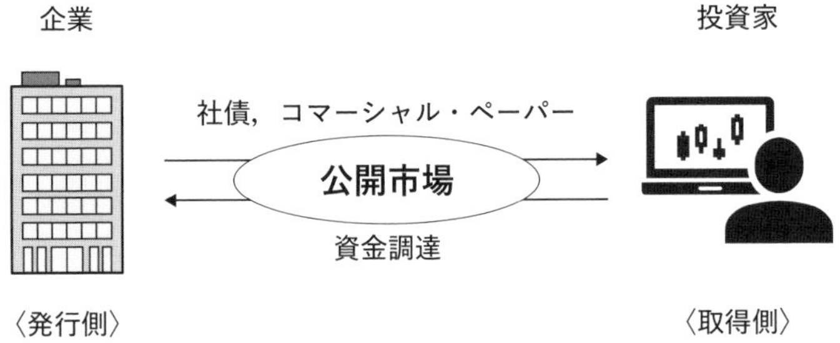

企業　投資家

社債，コマーシャル・ペーパー

公開市場

資金調達

〈発行側〉　〈取得側〉

出典：筆者作成。

上先に支払期限が到来するのに対し，コマーシャル・ペーパーの支払期限は一般的に1年より短く，1ヶ月や3ヶ月のタイプが主流です。なお，社債やコマーシャル・ペーパーの場合，「償還」という語句を“返済”や“支払”という意味で用います。コマーシャル・ペーパーはもともとアメリカで生まれたしくみであり，1980年代以降は欧州や日本でも発行されるようになっています。

4 株式発行による資金調達

多額の資金を必要とする企業にとって，株式発行は重要な資金調達方法の1つです。株式を発行して資金調達を行う企業は，**株式会社**（Co., Ltd., Limited, Inc. など）とよばれ，日本の代表的な企業スタイルです。金融市場において株式会社は広く資金提供者を募り，出資の証明として株式を発行します[4]。株式発行は社債と同様，直接金融による資金調達方法です（**図表 9-5**）。

株式発行によって調達した資金に対し，企業は返済義務を負いませんので，その点が返済義務を負う金融機関からの借入や社債発行とのちがいです（**図表 9-6**）。また国内外の出資者に対して広く資金の提供をよびかけることができ，多額の資金を短い期間で調達することが可能です。一定の基準をクリアし，審査を経た企業のみが株式の発行が可能であり，その分企業の知名度が高まり，信用を集めやすい傾向にあります。

資金提供の見返りに株式を取得した出資者のことを，**株主**（shareholders, stockholders）といいます。株式はさまざまな要因で価格が変動する特性があるため，株主は取得した株式の値動きに敏感です。市場において株式の取引価格が購入価格より値下がりした場合，値下がり分の損を被る立場にあるからです。企業の経営活動をウオッチしつつ，株式価格の動向を注意深く見守り，投資判断を行います。株主は企業の資金を出資した人であり，企業の所

図表 9-5　株式発行を通じた資金調達（直接金融のしくみ）

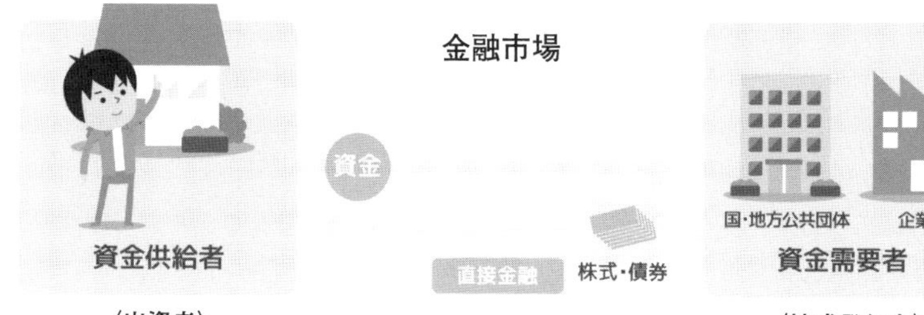

出典：一般社団法人全国銀行協会（2016）「シリーズ教材お金のキホン　将来の暮らしに役立つ金融知識を　講義型教材　生徒用テキスト　特別編：金融の役割」56ページ，https://www.zenginkyo.or.jp/special/money-highschool/download_k1/（閲覧日：2023年11月10日）をもとに筆者加筆・作成。

図表 9-6　株式と社債の比較

株式	**社債**
純資産（資本金）	負債
→返済義務なし	→返済義務あり
→利息支払なし	→利息支払あり
直接金融	直接金融

出典：日本証券業協会（2023）「株式会社制度と証券市場のしくみ」（3月），https://www.jsda.or.jp/edu/curriculum/files/kiiro202303.pdf（閲覧日：2023年11月10日）をもとに筆者加筆・作成。

有者です。企業が株主総会を開催し，株主に対して企業の経営状況について必要なタイミングで説明責任を果たすことが法的に義務づけられています[5]。

5 調達した資金を有効に活用する～投資活動や営業活動の成功につなげる～

わが国の個人や企業の傾向として，現金を「使わずに貯め込む」のをよしとする伝統的な風潮がみられるようです。このようなわが国の社会的風潮や国民の意識を変える重要性を考慮し，政府や民間団体は官民一体となり，金融経済教育を幅広い年齢層に向けて全国的に提供するための動きをみせています[6]。

資金は流れがあってはじめて効果をもたらします。必要な事業に必要なタイミングで資金を投下する（投資活動）ことによって，将来さらなる利益創出（営業活動）を効果的に目指すことができます。企業経営において，現金預金の金額が大きく変動している年度があった場合，なぜ増加・減少したのか，複数年度のデータから趨勢を分析することで，どのような使い道が計画されているかなどを読み取ることも大切です。

個人や企業は，長期的な視点をもった現金や預金の有効活用を，常に考えていく意識改革が求められています。いまだけを考えた経営は，将来の利益獲得に向けた投資に消極的であることを意味しますから，最終的に立ち行かなくなります。1年や2年といった短期間で終わってしまうイベントとは違い，企業の経営においては将来にわたって継続することを念頭におかなければなりません。特に，海外投資家は「リスクをとらない代わりにゲイン（利潤）も見込めない」企業と判断する傾向にあるでしょう。企業と同じように，個人も将来の人生設計を踏まえた投資の有効性を検討する時代です。

◀**注・参考文献**▶

1 みずほ証券株式会社・一橋大学ファイナンス用語集「財務諸表」, https://glossary.mizuho-sc.com/faq/show/292?site_domain=default（閲覧日：2023年11月9日）, および齋藤雅子（2011）『ビジネス会計を楽しく学ぶ』中央経済社, 101ページ。

2 野村証券株式会社・証券用語解説集「社債」, https://www.nomura.co.jp/terms/japan/si/syasai.html（閲覧日：2023年11月10日）。

3 同上, 証券用語解説集「コマーシャル・ペーパー」, https://www.nomura.co.jp/terms/japan/ko/cp.html（閲覧日：2023年11月10日）。

4 JPXマネ部!ラボ（株式会社日本取引所グループ）「株式会社ってどんな会社？仕組みや設立する理由を理解しよう」, https://www.jpx.co.jp/jpx-manebulab/column/20230605.html（閲覧日：2023年11月10日）。

5 株式会社東京証券取引所「会社って何のためにあるの？」, https://www.jpx.co.jp/tse-school/learn/01.html（閲覧日：2023年11月10日）。

6 政府は, 金融サービスの提供及び利用環境の整備等に関する法律第95条第1項に基づき, 金融広報中央委員, 一般社団法人全国銀行協会および日本証券業協会を発起人とする金融経済教育推進機構の設立を, 2024年2月29日付で認可しています。詳しくは, 金融庁（2024）「金融経済教育推進機構の設立認可について」（3月1日）, https://www.fsa.go.jp/news/r5/sonota/20240301/20240301.html（閲覧日：2024年3月5日）および上記発起人のプレスリリースを参照。

第10章

会計情報が企業を可視化する

～財務諸表の役割～

1 貨幣単位で示される会計情報 ～財務諸表は企業を知るバロメーター～

企業は，企業を取り巻く外部のさまざまな利害関係者（stakeholder，ステークホルダー）に対して経営活動に関するさまざまな情報を開示することが法的に求められています。**財務報告**（financial reporting）とは，投資家の投資意思決定に役立つ企業の情報開示をいいます。財務報告において企業が開示する情報には調達資金をどのように投下し，利益獲得につなげているのかといった内容が主要なものです。

財務報告という考え方が重要視されるようになった背景に，金融市場のグローバル化が進むにつれ，投資家と経営者との間に生じる情報入手機会の格差，すなわち情報の非対称性が生じ，投資家の投資意欲を阻害し，ひいては金融不安を招く危険性が高まったことがきっかけといわれています[1]。なぜなら，投資家は投資リスクを最小化するため，投資実行に有用な情報をできるだけ入手しやすい環境をのぞみます。よって，知りえた情報をもとに将来予測を立て，投資家が最終的に投資判断を行いやすい環境を整備する目的で，企業に対して経営状況に関する情報開示（disclosure，ディスクロージャー）が求められています。それにより，金融市場における株式の発行や流通が円滑に行われ，市場に対する信頼性や安定性が保たれます。

財務報告は財務諸表を通じて行われます。**財務諸表**（financial statements，略称：F/S）は企業の経営活動を貨幣単位で測定・評価することで可視化した会計情報（accounting information）を指し，定量的な情報です。企業は法的に定められた会計基準に沿って，日々の取引や活動を貨幣単位で記録・集計し，作成した財務諸表をステークホルダーに対して公表しています。

財務諸表は企業経営を映し出す鏡と表現することができます。日々変化する環境に向き合いながら，企業は経営活動を行っています。企業経営が永続的に続く保証はなく，利益獲得も容易なことではありません。過去のデータや動向調査等の情報分析力を結集したとしても，企業が消費者の嗜好や行動パターンを予測し，利益を継続して得ることによって，将来にわたって経営を安定させるのは相当困難な時代です。昨年度に経営が好調といわれた企業が突然倒産するケースもじゅうぶんありえます。

企業経営には浮き沈みが必ずあります。だからこそ，私たちの暮らしを支え，関わる企業がどのような経営状況にあるのかを共通の尺度に基づく客観的なバロメーターを用いて誰もが知りたいと思うはずです。そのバロメーターとしての機能を果たすのが「財務諸表」です。企業の経営状況を理解するうえで欠かすことができない企業の財産や資金に関する情報は，ステークホルダーの行動を左右するほどのインパクトを潜在的に有するだけに，それだけ重要度も高いといわれています。

財務諸表は企業の経営状況を知るうえで
客観的なバロメーターとして機能する

2 財務諸表の役割

(1) 経営活動における「財務」

財務諸表は，企業の経営成績や財政状態などを示す複数の書類の総称として用いられています。では，なぜ企業は財務諸表を作成し，公開しなければならないのでしょうか。財務諸表は「財務に関する諸々の表」と記述されるとおり，財務は企業の資金調達を示し，きわめて企業経営にとって重要な役割を果たします。個人が衣食住においてお金を必要とするのと同様に，企業の経営活動には必ず資金が付いて回ります。故に，企業は必要な資金を必要なタイミングでいかに調達するかを常に考え，計画を立て実行に移していきます。経営活動は，財務活動，投資活動，営業活動の3つに区分されますが，財務活動，これがまさに財務諸表の「財務」を表します。

第9章で取り上げましたが，資金調達には，金融市場を介して投資家から出資を得るか，金融機関から借入を行うなどの方法があります。ステークホルダーの中でも企業にとっての重要な存在は，多額の資金を提供ないし融資してくれる投資家，金融機関でしょう。彼らの多くは投資や融資について一定の専門知識を有しており，投資リスク（例えば，株式の市場価格が購入価格より値下がりするなど）あるいは融資リスク（例えば，貸出金額が返済計画に沿って返済されないなど）をあらかじめ認識し，そのうえでリスクと将来得られると期待される利潤とを比較し，最終的な意思決定を下します。ステークホルダーに共通しているのは，貨幣単位で企業の経営状況を可視化した財務諸表が，きわめて貴重な意思決定における客観的な指標としての情報を与えてくれるという点です。

(2) 企業の説明責任

ステークホルダーは，企業の経営活動に関わる人々の総称であり，企業の経営状況次第で利を得ること，損を被る立場です。投資家や金融機関は企業外部に存在し，取引業者や顧客，消費者，国や地方公共団体なども含まれます。また企業内部に存在する経営者，従業員なども広い意味でステークホルダーとよぶことができます。企業の外部，内部いずれに存在しようが，企業の経営が持続的に安定・成長すれば利を得られ，逆に経営が立ち行かなくなれば害を被りますので，ステークホルダーは企業の経営活動や関連トピック・ニュースに対して常日頃から興味・関心をもち，また企業の行動を注視しています。誰しも「利」は歓迎しますが，「損」は回避したいと思うのは当然でしょう。

企業の経営状況を共通の尺度によって詳らかにするため，財務諸表の作成に求められる一定のルールやしくみ，一定の専門用語や考え方がありますが，それらに秩序と法則を与えるのが，**会計**（accounting，アカウンティング）です。アメリカの会計学者であるロバート・N.・アンソニー（Robert N. Anthony），レスリー・K.・ブライトナー（Leslie K. Breitner）は会計を「ビジネスの言語」と表現しています[2]。その理由は，日本語や英語といった言語に一定の文法や語彙，言い回しがあるように，ビジネスや企業を表すにも一定のルールや決まりや必要であり，会計がその役割を果たしているからに他なりません。この点について，会計学者の伊藤邦雄は次のように述べています。すなわち「会計が『事業の言語』として経済社会に定着しているのは，会計がこのように大量で複雑な事象を極限まで抽象化し要約する表現能力を持っているからである」[3]という訳です。

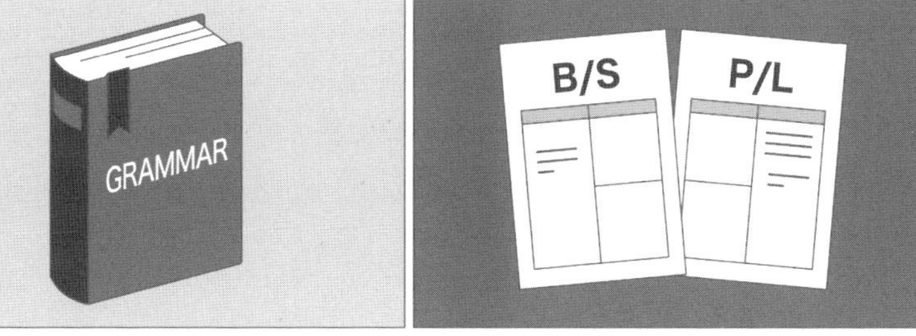

アカウンティングという用語にはもともと「誰かに説明する」という意味があります。そこで，少し言葉を補足して考えてみると，企業がステークホルダーに経営状況を説明する目的で，「財務諸表」にまつわる専門的な知識を扱うのが，会計の役割です。企業は，単に経営状況に関する情報を一定のルールに従って記録・集計し，財務諸表を作成すれば済むというものでありません。財務諸表作成から財務諸表を通じてステークホルダーに経営状況を説明するまでを終えてこそ，ようやく企業は**説明責任**（accounting responsibility）を果たすことになります。

このように，会計，いわゆるアカウンティングの最大の特徴は，ビジネスや経営において欠かすことができない資金循環を司るにあたり，財務諸表に関する専門知識を用いてあらゆる企業の経営活動を可視化する点です。はじめて学ぶ方々にとっては，会計学に対して一見難しいイメージをもってしまうかもしれません。しかし，いかなる業界の企業に就職したとしても，経営に資金は付いて回ることを考えれば，いかに財務諸表に関する学びが重要であるかを理解できると思います。企業の経営状況について良し悪しを見極めるためには，財務諸表を読み，理解する「**経営分析**」とよばれる能力がきわめて重要といわれているからでもあります。

3 企業の経営状況を見極める

(1) 作成単位

財務諸表は基本的に企業単位で作成されます。企業は自社が経営活動の結果として，会計期間（通常1年間）に獲得した利益金額，利益獲得に得た売上金額や払った犠牲としての費用金額，また決算日のタイミングで保有する財産内訳と金額，資金の出入りや使い道などの情報を，財務諸表を通じて詳らかに提供します。また株式を発行する企業は企業単位の財務諸表に加え，企業グループ単位で集計した財務諸表（連結財務諸表とよばれます）を別途作成することが法的に義務づけられているため，計2点の財務諸表が毎年度公開されることになります。

(2) 種類

損益計算書，貸借対照表，キャッシュ・フロー計算書の3つを総称して**財務三表**とよび，財務諸表の中でも特に重要と考えられており，それぞれの書類には次の特性があります（**図表10-1**）。基本的な構造や用語について理解しておけば，誰にでも企業の経営状況を総合的に読み取り，理解することができますし，さらには自身の将来行動に役立てることが可能です。

損益計算書（profit and loss statement，略称：P/L，通称：ピーエル）[4]は利益の

図表 10−1　財務三表の特性

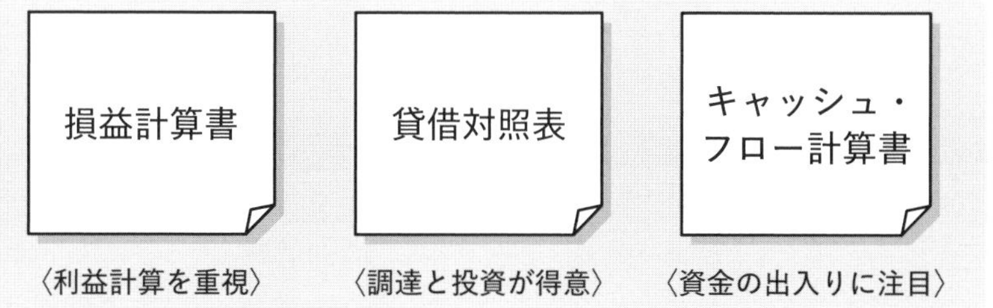

出典：筆者作成。

算定やその算定プロセスを示し，「企業の一定期間における経営成績を表す」書類です。**貸借対照表**（balance sheet，略称：B/S，通称：ビーエス）は調達した資金とその資金の投下先となる財産の内訳と金額を示し，「企業の一定時点における財政状態を表す」書類です。また**キャッシュ・フロー計算書**は（cash flow statement，略称：C/F，通称：シーエフ）は企業の資金の出入りと内訳を示し，「企業の一定期間における資金の流れと増減を表す」書類です[5]。

(3) 書類同士のつながり

損益計算書，貸借対照表およびキャッシュ・フロー計算書は，それぞれ相互につながりをもっています（**図表 10−2**）。例えば「当期純利益」は1年間で企業が得た税金を差し引いた後の利益を指しますが，損益計算書の最終行に位置づけられるとともに，貸借対照表の純資産の算定に含まれています（**図表 10−2** ※A）。

貸借対照表に表示される「現金預金」は，キャッシュ・フロー計算書の「現金・現金同等物期末残高」と一致します（**図表 10−2** ※B）。また損益計算書で算定された「税引前当期純利益」は税金を差し引く前の利益を指しますが，キャッシュ・フロー計算書（間接法による）の営業活動によるキャッシュ・フローのスタートラインに位置づけられています（**図表 10−2** ※C）。

このように，財務三表はそれぞれの特性を有しており，つながっています。

図表 10-2　財務三表の関係

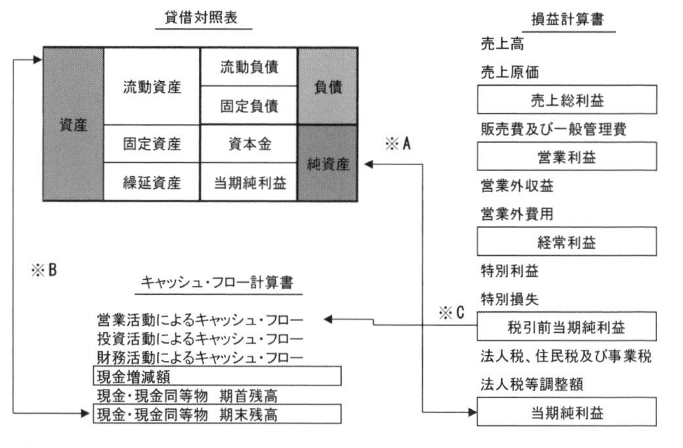

出典：筆者作成。

特性を活かした角度や視点を用いて企業の経営状況を明らかにできるという点で，別々に作成されつつ，相互に連係する意義があります。なお，損益計算書，貸借対照表およびキャッシュ・フロー計算書で示される用語の詳細説明は，紙幅の都合上本テキストでは割愛しています。会計に興味・関心をもってくださった方々はぜひ「会計学入門」「会計学原理」「財務会計論」といった書籍を手にとり，あるいはインターネットの情報検索を用いて調べてみるとよいでしょう。

(4) 財務諸表の入手方法

投資家保護や情報の適時開示などの観点から，株式を発行する企業は投資家向けに自社のWebサイト上で「投資家情報」,「IR情報」といったバナーを別途設定し，最新のものから過年度に至るまでの財務諸表や関連する報告書を含むさまざまな情報を公開しています。インターネット上で市場を運営する国内企業には，楽天グループやLINEヤフー（旧：Zホールディングス）[6]といった企業がありますが，たとえば，楽天グループは「投資家情報」，LINEヤフーは「IRニュース」という用語をそれぞれ使って情報をまとめ，公開しています（**図表 10‑3**）。

また金融庁が運営する EDINET（Electronic Disclosure for Investors' NETwork，正式名称：金融商品取引法に基づく有価証券報告書等の開示書類に関する電子開示システム，呼称：エディネット）[7] においても，株式発行者である企業の財務諸表を「有価証券報告書」を通じて取り出すことができます（**図表 10‑4**）。誰でも適時財務諸表をデータとして簡単に入手可能ですので，

図表 10‑3　投資家向け情報公開の例（楽天グループ，LINE ヤフー）

出典：楽天グループ株式会社 Webサイト「投資家情報」，https://corp.rakuten.co.jp/investors/，LINEヤフー株式会社 Webサイト「IRニュース」，https://corp.rakuten.co.jp/investors/（いずれも最終更新日：2023年11月9日，閲覧日：2023年11月13日）。

図表 10‑4　EDINET トップ画面

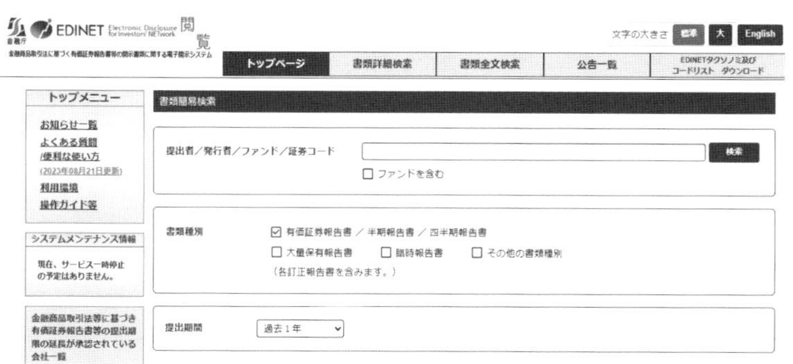

出典：金融庁 EDINET，https://disclosure2.edinet-fsa.go.jp/WEEK0010.aspx（閲覧日：2023年11月13日）。

自らがさまざまな企業と関わりをもつタイミングで入手した，財務諸表で示される情報をうまく利用すれば，どんな企業であっても経営状況についてある程度の特徴を見出すことができるのです。そして，見出した特徴を踏まえ，将来の行動に役立てていくことこそが，経営分析の意義です。

4 企業の経営実態を示す尺度「会計基準」と「会計リテラシー」

(1) 会計基準

あらゆる企業が財務諸表を作成するにあたって，従うべき一定のルールが定められています。これが，**会計基準**（accounting standards）とよばれるものです。会計基準の存在によって，どのような業種や業態の企業であっても開示される財務諸表の比較可能性が担保されています。会計基準は商慣習や文化などのちがいから，各国で設定されてきた歴史があり，わが国においても現在に至るまで発展を続けています。

日本企業が財務諸表作成に適用する会計基準を司る民間組織として，2001年に公益財団法人財務会計基準機構（Financial Accounting Standards Foundation，略称：FASF）が設立され，その下部組織として発足した「企業会計基準委員会」（Accounting Standards Board of Japan，略称：ASBJ）が日本の会計基準開発を担っています[8]。

財務諸表の作成ルール＝会計基準

グローバリゼーションは，ビジネスや企業経営の形態を変化させただけで

なく，会計基準をも進化させました。グローバルに展開するビジネスや企業が増えるにつれ，どの国の企業であっても共通の尺度で企業の経営実態を示すことを可能とする，国を越え世界で統一された新たな会計基準が求められるようになりました。その結果，**国際会計基準**（International Financial Reporting Standards，略称：IFRS，通称：イファース）[9]が誕生しました。日本取引所グループによれば，2024 年 2 月末現在 IFRS を適用する国内企業は 267 社にのぼっています[10]。

企業のグローバル活動が進むほど，ビジネス取引に限らず，企業の資金調達もより世界へと広がっていきます。海外投資家が国内企業に対して興味・関心をもち，出資をするケースもみられるようになりました。それを裏づける 1 つのデータとして，東京証券取引所の資料「投資部門別株式売買状況」を取り上げてみます。それによると，東証一部[11]に上場する企業の株式売買取引（委託）に占める海外投資家の割合について，2013 年（1 月 4 日～12 月 30 日）では，売り 51.5 パーセント，買い 53.7 パーセントでしたが，2021 年（1 月 4 日～12 月 30 日）では売り 66.5 パーセント，買い 66.9 パーセントとなっており[12]，確実に日本企業に対する海外投資家が増加している動きをとらえることができるでしょう（**図表 10-5**）。

図表 10-5　東証第一部・株式売買状況（売り，委託，比率ベース）

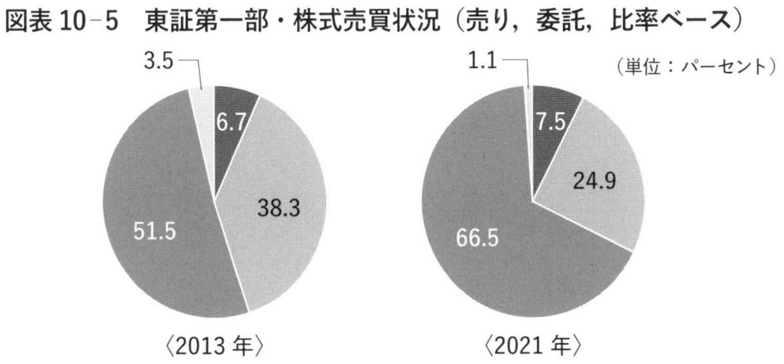

出典：株式会社東京証券取引所「株式年間売買状況」（年間），https://www.jpx.co.jp/markets/statistics-equities/investor-type/00-02.html（閲覧日：2023年11月13日）をもとに筆者作成。

図表 10‒6　共通のモノサシやルールが秩序を与える（イメージ）

長さを測るモノサシ

左側通行

出典：筆者作成。

ステークホルダーの中でも特に企業に資金を出資しようとする投資家は，投資実行の意思決定を行うにあたり，日本企業とライバルの海外企業との経営状況を比較するニーズも一段と高まっています。いわゆる財務諸表の比較可能性を担保するためには，財務諸表が国際会計基準という共通のモノサシで作成される重要性を見出すことができるでしょう（**図表 10‒6**）。

(2) リテラシーとしての会計

日本では，最初に就職した企業に定年まで勤続するというのが当たり前の時代がありましたが，近年ではそのような慣習や制度はなくなりつつあります。人材の流動化や働き方の変化によって，職や働く企業を変えるという考え方が一般化しつつあります。そのような転職を可能にする人材が備えるべき能力として「情報」「英語」「会計」という3つのリテラシーが求められるといわれるようになりました（**図表 10‒7**）。

リテラシー（literacy）とは，もともと読み書き能力を指しているようですが，現在は多分野の能力にも適用されています[13]。例えば，**情報リテラシー**とは，情報機器の操作などに関する観点から定義する場合（狭義の意味）と，操作能力に加え情報を取り扱ううえでの理解，さらには情報および情報手段を主体的に選択し，収集活用するための能力と意欲まで加えて定義する場合

（広義の意味）と定義されており，総務省の『通信白書』においては広義の意味で使用されています[14]。また**英語リテラシー**は，英語活用能力を指しています。国際人材に求められる能力として高い言語運用能力があり，特に英語によるコミュニケーション能力はビジネスパーソンには必須です。

一方，**会計リテラシー**は財務諸表の作成者および利用者が求められる能力です。グローバル化の波はビジネスや企業活動，金融市場にも押し寄せただけでなく，法制度や会計基準にも影響を与えています。よって，現代において企業の経営活動を理解するためには，会計リテラシーが欠かせないものとなっています。会計知識を欠くことによって，雇用や待遇といった機会に格差が生じる現象を「会計デバイド」と表現する説もあります[15]。企業の経営状況を定量的に映し出す財務諸表を読み，その内容を適切に理解できなければ，ビジネスや企業経営を理解することは難しくなっています。キャリア形成の観点からみても，どのような業種や業態の企業であれ，会計の基本的な用語や考え方を知っておけば評価につながるでしょう。

図表 10-7　21 世紀人材に求められる 3 つのリテラシー

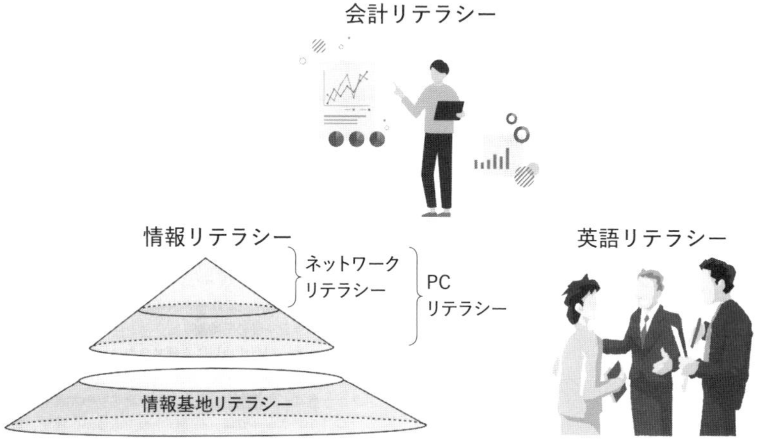

会計リテラシー

情報リテラシー

ネットワーク
リテラシー

PC
リテラシー

情報基地リテラシー

英語リテラシー

出典：総務省（1998）『通信白書 平成10年版』，https://www.soumu.go.jp/johotsusintokei/whitepaper/ja/h10/html/98wp1-3-1.html（閲覧日：2023年11月15日）をもとに筆者加筆・作成。

(3) 立場による会計リテラシーのちがい

会計リテラシーについては，財務諸表を作成する側（企業），財務諸表を読み理解する側（ステークホルダー）の2つの立場で説明することができます。資格試験として聞いたことがあるかもしれませんが，一般的に，簿記と会計という2つの用語を用いてそのちがいを少し説明しておきたいと思います。いずれの立場であっても，一定の専門用語や作成手順などについて理解をしておく必要があります。

簿記（bookkeeping）は企業が財務諸表を作成するため，帳簿記入の手続きや技術を取り扱い，「どのように（帳簿に）記録するか」に主眼をおいています。ここでいう帳簿記録は，複式簿記とよばれる取引を多面的にとらえる方法が採用されています。

一方，すでにテキストでも触れている**会計**（accounting）という用語は，企業が作成した財務諸表を媒体とし，経営状況を広く伝達・報告するために必要な専門知識全般を取り扱っています。よって，「どのように（外部に）報告するか」を重視していますので，適切な会計基準やルールに沿って作成される財務諸表とは何なのか，そのしくみや種類はどのようものかを対象としている点で，会計は簿記を含むより広い概念であるといえます（**図表10-8**）。財務諸表は企業の経営状況を可視化した会計情報です。財務諸表作成者である企業の意図や恣意性を排除しつつ，経営に関わる情報を適切に集約し，一定

図表10-8　簿記と会計のちがい

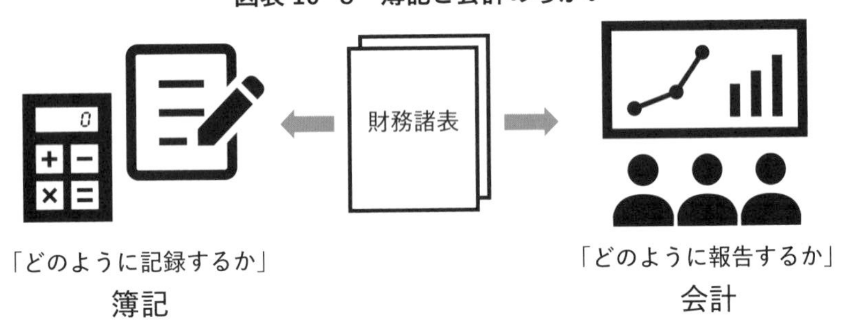

出典：筆者作成。

の秩序性をもたせることが，会計の意義です。

◀注・参考文献▶

1 企業会計基準委員会（2006）「討議資料　財務会計の概念フレームワーク」（12 月）2 ページ，https://www.asb.or.jp/jp/wp-content/uploads/begriff_20061228.pdf（閲覧日：2023 年 11 月 13 日）。

2 Anthony, R. N., and Breitner, L. K. (2003) *Essentials of Accounting Review*, 9th edition, Pearson Prentice Hall, p.1（日本語訳：ロバート・アンソニー，レスリー・ブライトナー著，西山茂監訳（2007）『アンソニー会計学入門（第 2 版）』東洋経済新報社，10 ページ）.

3 伊藤邦雄（2020）『ゼミナール新・現代会計入門』日本経済新聞社，44 ページ。

4 損益計算書の英語名称として income statement（略称：I/S）を用いる場合がある。

5 日本公認会計士協会「会計・監査用語かんたん解説集：キャッシュ・フロー計算書」，https://jicpa.or.jp/cpainfo/introduction/keyword/post-7.html，日本証券業協会「キャッシュ・フロー計算書」，https://www.jsda.or.jp/jikan/word/044.html（いずれも閲覧日：2023 年 11 月 13 日）。

6 第 3 章注 4 を参照。なお，Z ホールディングス株式会社「IR ニュース」は https://www.z-holdings.co.jp/ja/ir/news.html（閲覧日：2023 年 11 月 13 日）よりアクセス可能。

7 金融庁「EDINET について」，https://www.fsa.go.jp/search/20130917.html（閲覧日：2023 年 11 月 12 日）を参照した。企業の有価証券報告書を閲覧するサイトは https://disclosure2.edinet-fsa.go.jp/WEEK0010.aspx（閲覧日：2023 年 11 月 13 日）よりアクセス可能。

8 公益財団法人財務会計基準機構（2001）「財団法人 財務会計基準機構の設立について」（7 月 27 日），https://www.asb.or.jp/jp/fasf-asbj/established_history/2001-0727.html（閲覧日：2023 年 11 月 12 日）。

9 ここでいう IFRS は国際会計基準審議会（International Accounting Standards Board，略称：IASB）が作成する会計基準を指す。

10 日本取引所グループ（2024）「IFRS（国際財務報告基準）への対応－IFRS 適用済・適用決定会社数（2024 年 2 月末現在）」，https://www.jpx.co.jp/equities/improvements/ifrs/02.html（閲覧日：2024 年 2 月 29 日）。

11 東京証券取引所（通称：東証）の市場区分が見直され，2022 年 4 月 4 日に「プライム市場」「スタンダード市場」「グロース市場」の 3 つの新たな区分へと再編されている。詳細は，株式会社日本取引所グループ「市場構造の見直し」，https://www.jpx.co.jp/equities/improvements/market-structure/01.html（閲覧日：2024 年 2 月 29 日）を参照。

12 株式会社東京証券取引所「株式年間売買状況」（年間），https://www.jpx.co.jp/markets/statistics-equities/investor-type/00-02.html（閲覧日：2023年11月13日）を参考にした。

13 最新心理学辞典「リテラシー」コトバンク，https://kotobank.jp/word/リテラシー-658112#goog_rewarded（閲覧日：2024年12月20日）。

14 総務省（1998）『通信白書 平成10年版』では，情報リテラシーをその使用できる機器のレベルに応じて，［1］情報基礎リテラシー，［2］PCリテラシー（PC活用能力），［3］ネットワークリテラシー（ネットワーク活用能力）の3層としてとらえている。詳細は，同書，83ページ，https://www.soumu.go.jp/johotsusintokei/whitepaper/ja/h10/html/98wp1-3-1.html（閲覧日：2023年11月15日）を参照。

15 伊藤邦雄（2020）『新・現代会計入門（第4版）』日本経済新聞出版社，10-11ページ。

第11章

会計不正と情報の信頼性

1 財務諸表の利用価値は「信頼性」があってこそ

財務諸表は企業の経営活動を定量的に写し出した情報であり，「写像」と表現されることもあります[1]。さまざまな外部のステークホルダーに財務諸表は伝達・報告され，その目的に応じて利用されています。財務諸表が利用される理由は，信頼性のある情報を提供しているという特性があるからです。

企業は法令に基づき財務諸表を適切な会計基準やルールに沿って作成することが義務づけられています。よって，ステークホルダーは常に財務諸表は「信頼性のある情報」という前提をもっています。もともとステークホルダーにとって財務諸表は信頼でき，必要な情報を提供してくれるからこそ利用価値があり，自らの意思決定に役立てようとします。つまり，財務諸表はステークホルダーの意思決定を支援するための会計情報を提供する役割を担っています。

しかし，財務諸表が信頼性に乏しい情報であったとしたら，そのような前提は崩れてしまいます。誰も財務諸表を利用したいとは思わないでしょうし，利用しないでしょう。信頼性の乏しい財務諸表を利用しても自らの行動に役立たないことを知っているからです。実際，信頼性のある情報であるべき財務諸表がそうなっていない事例があります。企業が故意に事実とは異なる情報を発信あるいは拡散する事例は現実に起きています。

2 財務諸表利用者を欺く会計不正

(1) 会計不正とは

皆さんは会計不正という言葉を聞いたことがあるでしょうか。**会計不正**（accounting fraud）は財務諸表上の数値を企業や経営者の意図や恣意性により改ざん，操作する行為をいいます。会計不正を行う目的として，実行者が自身の私的な欲求を充たす目的，企業が外部のステークホルダーに経営状況をよくみせようとする目的，またそれらを組み合わせた複数の目的を有するといわれています。いずれの理由であっても不正には違いありません。

粉飾決算（window-dressing）は，「企業の損益状況や財政状態を実際よりよくみせようとするため，利益を過大に計上する会計不正行為」です[2]。一般に，粉飾は虚偽記載を通じて架空利益を計上ないし隠蔽することを指し，決算は企業の経営活動を一会計期間（会計期間は通常 1 年）に区切って経営成績や財政状態を測定・評価することをいいます[3]。企業は決算日時点で集計された数値をもとに，財務諸表を作成・報告する流れになっています。それゆえ，一般的に，粉飾決算を引き起こすのは，損失を出せば会社がつぶれると考える，企業や経営者であり，いつの時代にも，また中小零細企業だけでなく大企業であっても，粉飾決算に手を染める者は出現するものです[4]。企業にとって売上（sales）や利益（income）の金額というのは「経営成績」を示し，この数年それらの金額が下がり続けている，損失が出て利益が出ていないなどの状況が続き，資金調達に影響を及ぼすといった懸念から，企業や経営者はステークホルダーにみせたくない数値ととらえるようになり，水増しや架空計上などによる会計情報の操作を行うというメカニズムです。

いかなる立場，理由，事情があっても，実現していない売上や利益の金額を計上することは法的に認められません。いわゆる架空売上，架空利益に相当します。財務諸表上の数値を操作・改ざんする行為は意図的あるいは恣意的な情報操作であり，れっきとした法令違反，犯罪行為です（**図表 11-1**）。

図表 11-1　会計不正は犯罪に手を染める行為

財務諸表の数値
改ざんや操作

会計不正

出典：筆者作成。

(2) 会計不正をめぐる３つの概念

会計不正を理解するための重要な概念として，粉飾決算，利益操作，利益平準化の３つを説明します。

粉飾決算は，業績が著しく悪化する場合や，極端に利益が増加するような場合に会計的操作，すなわち利益操作を行うことを指します。次に，利益操作（earnings management）は，経営活動の結果たる企業業績や財政状態を会計基準に準拠してあるがままに会計処理を行うのではなく，会計方針の変更や会計基準のもつ盲点を利用するなどして，会計上の操作を通じて企業にとって望ましい会計数値を導き出すことであり，会計に対する真実性や公正性にもとる会計行動とみなされます。最後に，利益平準化ですが，会計方針にしかるべき理由を設けて変更したり，会計基準のもつ不備を利用したり，会計数値を変えるなどして実施されるものです。粉飾決算は業績の変化が著しい場合や特殊な場合，一方の利益平準化はそれほど著しくない場合や若干である場合など，程度の差により，それぞれ実行されるといわれています。

ここで，粉飾決算，利益操作，および利益平準化についての概念を整理した日本の会計学者である若杉明の示唆[5]を取り上げ，会計不正との関係を述べておきたいと思います。目的や手段，状況に応じて微妙に意味合いの異なる３つの概念は，すべてが望ましくないものとする否定的な立場をとっており，この立場からみると，会計不正にはそれらの３つの概念がすべて含まれると解することができます。しかし，利益操作（利益平準化を含む）に対しては肯定的な立場をとるという諸説もあり[6]，否定的な立場と対立しています。この場合には会計不正に粉飾決算が含まれるのは明らかですが，利益操作や利益平準化はケースバイケースで判断せざるをえない状況が生まれてしまい，理解を難しくしている印象があります。

(3) 会計不正の背景

会計不正は経営状況をよくみせかけようとする不正行為である粉飾決算を含む広い概念といえます。企業や企業の経営者らが粉飾決算に手を染める理由には複数の背景が存在するといわれています。1つ目は，企業の経営成績を表すとされる業績が低迷していることがあります。財・サービスを販売し，売上を獲得することで，ようやく利益，いわゆる「もうけ」は得られます。必要な費用を差し引いた結果として，利益を得ることができますので，売上が思うようにあがらなければ，利益があがらないという理屈です。

2つ目は，経営資金がショートしてしまうことです。企業の経営に必要な資金は，これまでの経営活動で得られた利益のうち蓄積され，保有されているもの，あるいは，金融機関からの融資や証券市場による株式発行等で賄われています。金融機関による借入は企業の業績等を通じて厳格な審査を経て実行可否が判断されます。ひとたび業績が悪いと判断された企業には金融機関は融資を実行しません。なぜなら，将来融通した資金の返済が元本と利息を合わせて計画どおり確実に返済される見込みがないと考えるからです。

3つ目は，経営者が立てた経営方針や売上目標を達成できないことです。営業活動に携わるスタッフが売上目標に対するノルマを達成できないことが続くことによる，自らのポジションや雇用維持への不安感が粉飾決算を誘発するといわれています。経営者の課すノルマが厳しいほど，現場スタッフはプレッシャーを感じやすくなる傾向にあります。

(4) 撲滅できない会計不正

会計不正事例が顕在化するのに呼応する形で，法改正や新たな制度を設けるなどの対策は講じられているものの，会計不正そのものを撲滅することはきわめて困難です。また最近では，会計不正も年々その手口が巧妙化し，発覚しづらいといわれています。残念ながら，会計不正という犯罪に手を染めようとする人々は，法の目をかいくぐってでも財務諸表数値の改ざんや操作を行おうとします。ステークホルダーに経営状況をよくみせようとする企業の経営者や上長，ノルマ達成のプレッシャーに耐え切れない従業員などが数値の改ざんや情報操作を行う会計不正の事例は発生し続けています。

財務諸表の数値を改ざんするなどの会計不正を実行する，あるいは従業員に指示する企業経営者は，芳しくない経営状況や活動内容を隠蔽することで，自らの地位や立場を保持できると短絡的に考え，会計不正が発覚したときの影響の深刻度をイメージできない人々です。あさはかな思考や動機に基づき，企業を守るためには「会計不正以外に道はない」あるいは「会計不正は仕方がない」と結論づけます。財務諸表は経営状況を定量的に映し出した情報であるはずがそうならず，結果として会計不正によって財務諸表利用者を欺こうとするのです。

ルールを守って作成された財務諸表には「情報の信頼性」がある

3 会計不正が社会へ及ぼす影響度

(1) モラルの問題

企業の経営状況を世の人々に知らせる，信頼性のある情報のはずの財務諸表が，実はウソの情報だったとすればどうなるでしょうか。それを信じて投資をする人やお金を貸す銀行などはたまったものではありません。経営者が行った故意の情報操作によって，最終的には従業員も自分たちの将来が危うくなってしまいます。粉飾が社会に明るみに出た途端，ルールに違反した企業に対する社会の信頼性が揺らぎ，ひいては経営を圧迫します。これは，情報を作成する側のモラルの問題です。

情報を利用する側にもモラルが求められます。インターネット上で発信された情報を誰でも簡単に入手できる時代だからこそモラルをもって利用しましょう。不法な手段で入手した音楽を創作者の許可なく無断でインターネット上にアップロードするのも犯罪ですが，その音楽を無料でダウンロードできるからといって利用するのも犯罪です。会計不正に限らず情報を作成する側，利用する側のいずれの立場も，モラルをもつ重要性はますます高まっています。

(2) 社会に溶け込む会計不正実行者

財務諸表上で示された数値に誤りがあったり，数値が故意に操作されたものであったりすると，ステークホルダーは誤った意思決定行動により損害を被るリスクを負うことになります。投資や融資に慎重になった投資家や銀行が増え，企業が資金調達をできなくなってしまえば，経営活動に欠かすことができない資金繰りに行き詰まってしまいます。

ここで注意すべきことは，過去の事例から学ぶことができますが，会計不正に加担する人々は，現実社会に溶け込んでおり，一見して犯罪者と見極めづらい点です。さて，〈A〉〈B〉〈C〉（**図表 11-2**）の中から，会計不正を実行，加担した人々をみつけることができるでしょうか。よほどの証拠が示されない限り，みつけづらいというより，みつけることができないというのが実際のところです。

図表 11-2 社会に溶け込む会計不正の実行者
（会計不正の犯罪者を見分けることは難しい）

〈A〉 〈B〉 〈C〉

出典：筆者作成。

普段特に変わった様子もなく，社会生活を送っていて自然と振る舞っている，これが，会計不正実行者の特徴であり，犯罪者として見分けにくい要因となっています。とりわけ，最近の職業上の不正事例では，企業の経営幹部やオーナー，管理者が専門的な立場を悪用して会計不正を行うケースが増加する傾向にあるようです。アメリカに本部をおくACFE（Association of Certified Fraud Examiners，日本の団体名：ACFE JAPAN，一般社団法人日本公認不正検査士協会）[7]の調査レポートでは，経営上位者による不正は2012年に総不正件数の56パーセントでありましたが，2022年には62パーセントにまで及んでいます[8]。また経営上位者の不正は発見に至るまでの期間が長くなり，企業にもたらす損失額が大きくなることが明らかとなっています[9]。たとえ財務諸表の数値を改ざんしていても，下位者はその行為自体に気がつきにくい環境であり，不正の発覚が遅れてしまいがちです。

専門的な立場には，企業に関するあらゆる情報が集約し，数値改ざんを指示しやすい立場の経営者，財務の高度な専門知識を有した財務諸表作成に携わる財務部門あるいは企業の現金預金の出し入れに携わる経理部門の管理者やスタッフなどが含まれます。専門知識を悪用して会計不正が世間に明るみに出た時点で会計不正が相当な規模に及び，社会に対する影響度が深刻化する大きな要因です。

(3) 会計不正事例（アメリカ，日本）

現実問題として，国内，海外において企業の会計不正事例が発覚し，そのつど大きな社会に影響を及ぼしています。会計不正にも国境はありません。会計不正が行われた企業の取引高や事業規模が大きいほど，影響を受けるステークホルダーもより広範囲に及びます。2000年代初頭，アメリカではエンロンやワールドコムといったアメリカの巨大企業による会計不正が相次いで明るみになり，世界の金融市場に不安定性を招く事態に発展しました[10]。

当該2社の監査を担っていた大手監査法人アーサー・アンダーセンは，一連の粉飾決算による関与で有罪判決を受け，廃業に追い込まれています[11]。

なお，監査は，上場企業の財務諸表が定められたルールに基づいて適切に作成されているかどうかについて検証し，情報の適正性の判断と保証を与える目的で，公認会計士が行います。上場企業に対する監査を組織的に実行するのは，公認会計士で構成される監査法人です[12]。

日本国内では，オリンパスや東芝といったグローバル企業の会計不正事例が表面化しました[13]。会計不正に関する情報が一気に拡散した途端，両社の株価は急激に下落し，一時売買取引が停止されました。会計不正が組織的かつ長期間にわたって巧妙に実行されていたという事実が次々と判明し，ステークホルダーや市場関係者に大きなダメージを与えることになりました。もちろん，会計不正の当事者あるいは主導者となった企業や経営者に対しても，法的，社会的な制裁が下され，経営の立て直しには相当な痛みを伴うことになりました。

(4) 法制度強化の動き

このような会計不正が度々発生するのは，企業内部の管理運営体制が機能不全（ガバナンス不全ともいいます）に陥っていることが大きな要因です。内部統制という用語を聞いたことがあるでしょうか。金融庁は，**内部統制**（internal control）について「基本的に，業務の有効性及び効率性，財務報告の信頼性，事業活動に関わる法令等の遵守並びに資産の保全の４つの目的が達成されているとの合理的な保証を得るために，業務に組み込まれ，組織内のすべての者によって遂行されるプロセスをいい，統制環境，リスクの評価と対応，統制活動，情報と伝達，モニタリング（監視活動）及びＩＴ（情報技術）への対応の６つの基本的要素から構成される」と定義しています[14]。

そこで，企業内部の統制を強化すべく，各国政府は制度強化に乗り出しています。アメリカでは，自国企業の大規模な会計不正事例を受け，内部統制のしくみを充実させるための新たな法整備や制度導入を早急に進めました。その中でも特に知られている２つの動きについて述べておきます。２つの動きとは，2002 年の米国企業会計改革法ならびに投資家保護法（The U.S. Public

Company Accounting Reform and Investor Protection Act of 2002，略称：Sarbanes-Oxley Act，日本語略称：サーベンス・オクスリー法，SOX法あるいは企業改革法ともよばれる）やCOSOの内部統制フレームワークです[15]。

エンロン，ワールドコムという二大巨大企業の相次ぐ倒産により，株価が急落し，金融市場はかなりの規模の混乱に陥りました。これを受け，アメリカ企業，監査法人および金融当局などに対する市場の信頼が大きく損なわれました。そのような中で，アメリカ政府はきわめて短期間でサーベンス・オクスリー法（SOX法）の制度化を実行したのです（**図表11-3**）。その法律の呼称は，法案を起草した上院議員のポール・S.・サーベンス（Paul S. Sarbanes），下院議員のマイケル・G.・オクスリー（Michael G. Oxley）の姓の頭文字をそれぞれとって名づけられたものです[16]。

一方，COSOは，アメリカのトレッドウェイ委員会支援組織委員会（The Committee of Sponsoring Organizations of the Treadway Commission）の略称であり，内部統制の構成要素や概念的枠組み，評価方法などを定義する団体として活動を行っており，COSOの内部統制フレームワークは世界各国の規制に組み込まれ，広く受け入れられています。

日本では，2006年金融商品取引法改正により内部統制報告制度が設けら

図表11-3　企業改革法（SOX法）成立までの流れ

2001年		2002年		
3月　ITバブル崩壊	12月　エンロン破たん	6月　アンダーセン有罪評決	7月　ワールドコム破たん　企業改革法成立	8月　アンダーセン廃業

出典：筆者作成。

れ，2009 年 3 月期から上場企業を対象に適用が始まるなど，会計不正の抑止と企業統治の強化をはかるさまざまな対応策が講じられています[17]。内部統制報告制度については，第13章にて説明します。金融商品取引法改正の一部は日本版 SOX 法（J-SOX）とよばれていますが，これは，アメリカの SOX 法を参考に制定されたからです[18]。しかし，最近になって，経営者による内部統制の開示に重要な不備がある，内部統制の有効性の評価が訂正される理由がじゅうぶん開示されていないといった制度の実効性が指摘されるようになり，新たな制度設計を求める流れにつながっています[19]。

4 なぜ企業は財務報告を行わなければならないのか

(1) 金融市場の安定性確保

では，なぜ企業は財務諸表を作成し，外部の人々に対して報告しなければならないのでしょうか。金融市場において株式売買取引が円滑に機能するためには，投資対象となる有価証券について，一般投資者が投資判断を行うのにじゅうぶんな情報が提供されている必要があります。金融商品取引法（以下「金商法」）の「第 2 章 企業内容等の開示」において，ディスクロージャー制度を定め，株式の発行市場，株式の流通市場それぞれで株式取引を認められている企業に対し，一定の情報開示を義務づけています。投資対象となる株式を発行する企業の事業内容や財務内容等について真実で，正確かつ明瞭に開示させ，一般投資者に向け投資判断に必要な情報を提供させることが目的とされています[20]。

株式の発行，流通にはそれぞれ市場があります。まず発行市場は自動車でいうと新車購入市場にたとえることができるでしょう。新車販売においては各メーカーの販売会社（ディーラー）において自動車を購入するのが一般的です。そのしくみと類似する形で，一定の審査を経た企業は，有価証券（購入側からみた呼び名が有価証券，発行側からみた呼び名が株式と考えてください）の募集・売出しを行おうとする際，直近事業年度の損益計算書や貸借対照表等の財務諸表等を記載した「有価証券届出書」を内閣総理大臣に提出しなければなりません。これを，発行開示といい，株式の発行企業を上場企業といいます。

一方，流通市場は自動車業界でたとえると，中古車市場に似ています。企業が発行する株式が，いったん発行され，流通市場で広く取引されるようになると，その上場企業は毎事業年度に財務諸表等を記載した「有価証券報告書」を内閣総理大臣に提出しなければなりません。これを，継続開示といいます。

(2) ステークホルダーの判断を誤らせる恐れ

アメリカの会計学者ジェームス・C.・ガー（James C. Gaa）は，財務報告に関して最も重要な問題は「利益の測定」の問題であり，また利益操作はステークホルダーに実害をもたらすものと述べています[21]。ステークホルダーは主要な財務諸表利用者です。立場によって関心は異なるものの，それぞれが意思決定と行動を起こすにあたり，信頼性のある情報として財務諸表を活用しています。仮に，意思決定の判断材料となる財務諸表の数値が明らかに操作されているとしたら，ステークホルダーの意思決定を誤らせることになります。

ステークホルダーは企業と関わりをもち，利害の絡む人々です。投資家は自らの資金をどの企業へ出資するのが将来利潤を得られる可能性が高いかどうかに高い関心をもっています。財務諸表で示される情報をもとに，企業のこれまでの経営実績はもちろん将来予測を分析したうえで投資実行可否の意思決定を慎重に行います。自らの投資リスクを最小化し，利潤を最大化したいという意図があるからです。金融機関は企業から申し出のあった資金の貸出を実行し，返済見込みがあるのかといった点に関心があります。金融機関からすれば，返済計画に沿って着実に返済できる能力がある企業に資金を貸し出す方が不良債権化するリスクは抑えられるからです。ここでいう不良債権とは，「約定どおりの元本や利息の支払いが受けられなくなるなど，その経済価値が低下した貸出債権」[22]をいいます。

(3) 情報の非対称性

ステークホルダーが企業の経営に関心や興味をもつ理由は，それぞれの立場によりさまざまですが，信頼性のある情報として財務諸表を入手し，利用している立場としては，財務諸表数値の改ざんや操作がひとたび生じると，彼らの意思決定は間違った方向へ導かれるリスク以外の何物でもないのです。

株式会社でいうところの経営者は経営を委託された者に過ぎず，企業の所有者はあくまでも株主（投資家）であり，経営を委託する立場です。経営者と所有者が異なる形態は株式会社特有であり，これは「所有と経営の分離」とよばれます。

経営者は経営状況にまつわる情報を誰よりも一早く知りうる立場ですので，経営を委託された経営者と委託した所有者の間には，情報の非対称性が生じます。経営者が企業に都合の悪い情報を隠そうとする動機がはたらいてしまえば，所有者である株主（投資家）が知りうる情報は限定されるか，知る機会自体が失われてしまいます。少なくともそのような情報格差が生じる可能性を常に認識しておくべきでしょう。

よって，ステークホルダー，特に株式会社にとって重要な資金提供者としての投資家を保護する観点から，また資金を融通する立場の金融機関等を保護する観点から，法令のもと定められた会計基準に従い財務諸表を作成し，その財務諸表を通じて定期的に経営状況をステークホルダーに伝達・報告する，すなわち財務報告の義務を，国は企業に課しているのです。

「財務報告」は財務諸表利用者を保護する

(4) 不良債権問題

この不良債権をめぐっては，特に金融機関において過去に苦い経験があります。バブル経済崩壊後，国内金融機関の不良債権が膨らんだ結果，大手金融機関の経営破綻が相次ぎ，深刻な社会問題に発展したのは1990年代のことです。当時，国内外において金融不安が生じ，2000年には金融庁という新たな政府の管理監督組織が発足した経緯があります[23]。

一方，経営者や従業員といった企業内部の人々も，財務諸表利用者であることに変わりはありません。広義の意味で企業の内部に存在するステークホルダーといえるでしょう。経営者は企業の経営状況を常日頃から把握し，企業の将来を見据えて戦略を練り，実行していきます。いま企業経営が好調であるからといって，将来安定して経営活動を続けられるとは限りませんので，経営上必要な意思決定を慎重に行うことが求められます。

従業員は企業と雇用関係にありますので，所属する企業の経営状況次第では給料の不払いや雇用の不安定化が生じる恐れがあります。最悪の事態は，費用削減の一環から，従業員との雇用関係の解消を企業から通知されてしまうことです。そのような状況に陥ってから，次なる手を考えても「時すでに遅し（Too Late)」です。日常の暮らしや生活を安定したものにするうえで必要なことは，常日頃から自らが勤務する企業の経営状況について関心をもち，理解しておくことが大切です。

◀注・参考文献▶

1 桜井久勝（2018）『財務会計講義（第 19 版）』中央経済社，1 ページ。

2 ニッポニカ 日本大百科全書「粉飾決算」，https://japanknowledge.com/contents/nipponica/sample_koumoku.html?entryid=2728（閲覧日：2023 年 10 月 31 日）を参考にしている。

3 注 1 前掲書，57-58 ページおよび 60-61 ページ。

4 浜田康（2016）『粉飾決算－問われる監査と内部統制』日本経済新聞出版社，463-467 ページ。

5 若杉明（1998）「会計ディスクロージャと自己責任の原則－利益の平準化をめぐって」『会計』第 154 巻第 1 号，5-7 ページ（論文：1-14 ページ）。

6 森靖之（1999）「利益平準化問題の基礎的考察」『高松大学紀要』第 32 号，135-137 ページ（論文：133-155 ページ）。

7 ACFE は，アメリカに本拠をおき，世界規模で不正対策に関する教育研修等を提供する団体であり，全世界に約 90,000 人の会員を有し，不正対策の専門家が結束して不正防止・早期発見に取り組んでいる。詳細は，ACFE（https://www.acfe.com/about-the-acfe）および ACFE JAPAN（https://www.acfe.jp/acfe/）を参照。

8 ACFE (2022) *Occupational Fraud 2022: A REPORT TO THE NATIONS*（2022 年度日本語版「職業上の不正に関する国民への報告書」19 ページ，https://www.acfe.jp/study/download-library/（閲覧日：2023 年 11 月 16 日））。

9 同上書，44 ページ。

10 奥村宏（2002）『エンロンの衝撃－株式会社の危機』NTT 出版，3-5 ページ。KDDI 総研（2002）「全世界 世界の IT 企業の顔ぶれ一新」『R & A』（7 月 20 日）5-6 ページ（記事：1-40 ページ）。関連記事として，日経 BP（2002）「エンロンが問う米『三種の神器』情報公開，役員会，外部評価も機能果たさず」『日経ビジネス』（4 月 1 日号），176-182 ページなどがある。

11 注 10 前掲書，46-47 ページおよび 184-188 ページ。

12 日本公認会計士協会「会計・監査用語かんたん解説集：監査法人／有限責任監査法人」，https://jicpa.or.jp/cpainfo/introduction/keyword/post-4.html（閲覧日：2023 年 11 月 16 日）。

13 注 4 前掲書，16-17 ページ。オリンパス株式会社（2011）「第三者委員会調査報告書」（12 月 6 日）他関連資料，https://www.olympus.co.jp/jp/info/2011b/if111206corpj.html。株式会社東芝（2015）「第三者委員会の調査報告書全文の公表及び当社の今後の対応並びに経営責任の明確化についてのお知らせ」（7 月 21 日），https://www.global.toshiba/content/dam/toshiba/migration/corp/irAssets/about/ir/jp/news/20150721_1.pdf。関連記事として，日本経済新聞（2020）「オリンパス粉飾 旧経営陣，594 億円の賠償確定」（10 月 26 日），https://www.nikkei.com/article/DGXMZO65459660W0A021C2CR8000/（いずれも閲覧日：2023 年 11 月 2 日），日経 BP（2015）「時

事深層：広がる東芝会計問題の『闇』『不適切』が粉飾に変わるとき」『日経ビジネス』（7月20日号），10-13ページなどがある。

14 金融庁（2006）企業会計審議会第15回内部統制部会・資料1-1「内部統制の基本的枠組み（案）」（11月20日）1ページ，https://www.fsa.go.jp/singi/singi_kigyou/siryou/naibu/20061120.html（閲覧日：2023年11月16日）。

15 COSOについては，https://www.coso.org/about-us，およびデロイトトーマツ「ナレッジ：COSO（コーソー，コソ）」，https://www2.deloitte.com/jp/ja/pages/risk/articles/rm/coso.html（いずれも閲覧日：2023年11月20日）を参照。

16 海上和幸（2005）「特集：押し寄せる法規制の波 Part.2 米国企業改革法がもたらすインパクト」『日経コンピュータ』（3月21日号），60-67ページ。

17 金融庁（2022）企業会計審議会総会・第9回会計部会 資料1「事務局資料『内部統制を巡る動向』」（9月29日），https://www.fsa.go.jp/singi/singi_kigyou/siryou/kaikei/20220929.html（閲覧日：2023年11月16日）。

18 日本公認会計士協会「会計・監査用語かんたん解説集：日本版SOX法（J-SOX）」https://jicpa.or.jp/cpainfo/introduction/keyword/soxjsox.html（閲覧日：2023年11月16日）。

19 金融庁（2023）企業会計審議会総会 資料1-1「【意見書案】財務報告に係る内部統制の評価及び監査の基準並びに財務報告に係る内部統制の評価及び監査に関する実施基準の改訂について」（4月7日），https://www.fsa.go.jp/singi/singi_kigyou/siryou/kaikei/20230331.html（閲覧日：2023年11月16日）。

20 金融庁「告発の現場から③－IT企業の粉飾」，https://www.fsa.go.jp/sesc/actions/kokuhatu/03/main.pdf（閲覧日：2023年10月31日）。

21 Gaa, J. C. (1994) *The Ethical Foundation in Public Accounting*, preface, CGA-Canada Research Foundation（瀧田輝己訳（1999）『会計倫理』同文舘出版，1ページ）．同書の中でガーは会計専門職の倫理を取り扱った研究の重要性を指摘している。

22 日本銀行「不良債権とは何ですか？」，https://www.boj.or.jp/about/education/oshiete/pfsys/e26.htm（閲覧日：2023年11月15日）。

23 金融庁（2007）「日本の不良債権問題と金融再生」第3回国際コンファレンス『金融の安定と金融部門の監督－過去10年の教訓と今後の対応』，https://www.fsa.go.jp/frtc/kenkyu/event/20080404-1/05j.pdf（閲覧日：2023年11月15日）。

第12章

リスクをマネジメントする

1 リスクと向き合う

(1) リスクは予測が難しい

企業は経営活動によって必ず利益を得ることができるでしょうか。結論からいえば，利益が確実に手に入る企業はどこにもありません。業種や業界を問わず，利益獲得が保証されている企業はないのです。いま経営状況が好調な企業であるからといって，そのまま将来にわたって好調であり続ける保証はどこにもありませんし，時に不調な場合も生じます。中核ビジネスがこれまで企業経営を安定させてきたとしても，数年先あるいは数十年先には中核をなしてきたビジネス自体が市場から消失してしまう可能性もあります。企業にとって予測が難しい自然災害や事故が生じると，経営をたちまち圧迫する事態を招きます。このように，企業は常にさまざまな経営上のリスクにさらされています。では経営上の「リスク」とはどのようなものを指すのでしょうか。

企業経営にリスクはつきもの

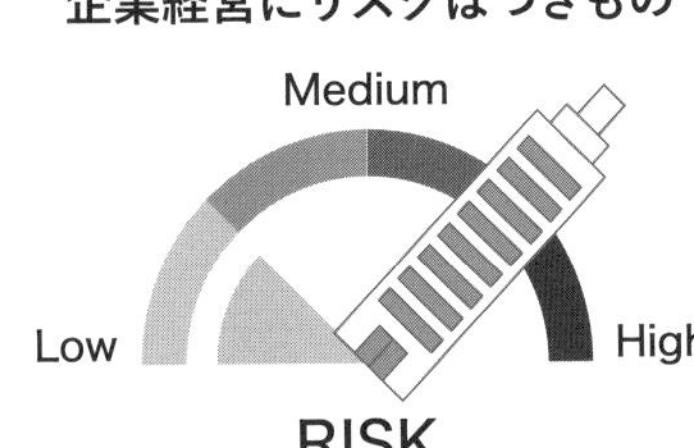

リスク（risk）は「危険性」や「危険性の確率」を示す用語として知られています。アメリカの経済学者フランク・H.・ナイト（Frank H. Knight）により「リスク」と「不確実性」（uncertainty）が定義されたことで有名です。ナイトによれば，「リスク」は自然現象のように繰り返し起こる事象の確率分布が既知のものをいい，「不確実性」は一度きりしか起こらず確率分布がわからない未知のものをいい，それぞれ区別しています[1]。

このようなナイトの定義を基礎とする不確実性の研究は，経済学分野だけでなく，数多くの他分野に影響を与え発展・応用しながら，現代のリスク分析や対策へと活用されています。不確実性はリスクより広く，また未知のものであるという点から，プラスとマイナスどちらの事象も発生する可能性を含むと考えることができますので，本テキストでは，経営上のリスクを「ある事象が発生する不確実性」ととらえていくことにします。

(2) リスクの区分と対応策

直面するリスクの大小は企業によって異なりますが，会社法（2006 年）が想定しているリスクを，主に事業遂行に関連するリスク（operational risk），ハザードリスク（hazard risk），経営戦略リスク（strategic risk），財務リスク（financial risk）と 4 つに分類する考え方もあります[2]。リスクは，企業外部と企業内部のそれぞれに潜んでいて，どのようなタイミングでリスクが顕在化するかを完全に予測することは難しいといわれています。

しかし，企業は日頃から経営に関連する情報の収集や分析を欠かさず行い，あらかじめ発生の可能性があるリスクの要因を特定し，分析や評価を行い，リスクを排除あるいは回避しようと戦略を立てます。それによって，企業に与える損害をできるだけ抑止したいと考えているからです。

経営において組織的にリスクを管理し，損失などの回避や低減をはかるプロセスが「リスクマネジメント」[3]であり，企業全体のリスクマネジメントを **ERM**（Enterprise Risk Management）とよびます。不確実性のある時代に経営活動を継続するにあたって，自然災害や感染症拡大といった予期せぬリスクに直面することもあります。さまざまなリスクといかに向き合い，あらかじめ備えておくかは企業にとって重要なリスクコントロールの考え方です（**図表 12–1**）。企業が経営上想定しているリスクをあげるとすれば，皆さんは何を思いつくでしょうか。

図表 12-1　リスクコントロールの考え方

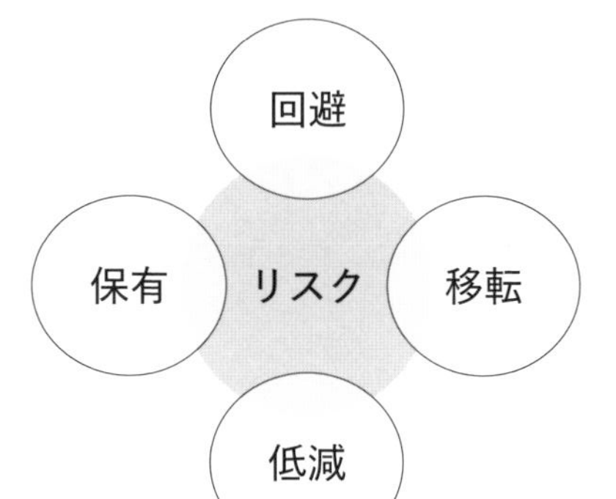

出典：中小企業庁（2016）「中小企業白書 平成28年版」第2-4-11図「リスク対策の方法」227ページ，https://www.chusho.meti.go.jp/pamflet/hakusyo/H28/PDF/chusho/04Hakusyo_part2_chap4_web.pdf（閲覧日：2023年11月18日）をもとに筆者作成。
Source：経済産業省 リスク管理・内部統制に関する研究会（2003）報告書「リスク新時代の内部統制」（6月）。

(3) リスクマネジメントの規格

リスクマネジメントに関する国際標準規格は，2018年に発行された国際標準化機構（International Organization for Standardization，略称：**ISO**）の「ISO31000:2018（Risk Management-Guidelines）」（リスクマネジメント－指針）を指します[4]。2009年に第1版が発行された後，2018年に改定されたものです。2018年に経済産業省はリスクマネジメントの指針に関する日本工業規格「JIS Q31000」を改正しています。日本産業規格（Japanese Industrial Standards，JIS）[5]の「JIS Q31000:2019（リスクマネジメント－指針）」がISOの翻訳規格として存在し，日本における一定の審議を経て，改正された後発行されています。

ISO31000:2018では，リスクやリスクマネジメントなどの関連用語について次のように定義しています。リスク（risk）は「目的に対する不確かさの影響」（3.1）とし，「リスク源，起こり得る事象およびそれらの結果並びに起こりやすさとして表される」（3.1 注記3）と定義しています。また，リスクマネジメントについては「リスクについて，組織を指揮統制するための調整された活動」(3.2) と定義しています。

リスクの定義でいう影響については「期待されていることから乖離することをいう。影響には好ましいもの，好ましくないもの，または両方の場合があり得る。影響は，機会または脅威を示したり，創り出したり，もたらしたりすることがあり得る」(3.1 注記 1) とし，またリスクの目的については「さまざまな側面および分野をもつことがある。またさまざまなレベルで適用されることがある」(3.1 注記 2) としています。さらにリスク源 (risk source) は「それ自体又は他との組み合わせによって，リスクを生じさせる力を潜在的にもっている要素」と考えられています。

(4) 企業経営は成功と失敗がつきもの

創業から何百年にもわたって存続してきた企業が，何の努力もなく，伝統的な経営方針や戦略だけで生き残ってきたでしょうか。皆さんなら，おそらくノーと答えるでしょう。歴史ある老舗企業としていまも経営を続けることができているのは，その企業が時代のニーズに応じてまた消費者のライフスタイルに対応する形で経営活動を進化させてきたからです。企業経営を成功させるためには，ただじっと従前からのやり方を踏襲するのではなく，情報に敏感にならなければなりません。自社の経営状況はもちろん，消費者やライバル他社の動向を分析し，展開するビジネスの将来性や成長性などに予測を立てたうえで，経営活動を実行する所作が必要です。

一方，長い歴史の中で企業経営の失敗例もあります。例えば，経営者の行った意思決定や将来予測の甘さが引き金となり，企業経営を危うくした結果，最終的には倒産に至った事例です。そのような事例は国内だけに限ったことではなく，海外においてもみられます。利益獲得を目的に経営を続けたい企業にとって倒産は最悪のケースです。現代は，世界の多くの国々で企業から提供される財・サービスが一通り消費者にいきわたっている時代です。裏を返せば，それだけ企業は利益を獲得する難しさや厳しさに直面しているといえるでしょう。よって，企業が自らの経営状況を的確に読み取り，そのうえで適切な経営活動を行っていく重要性は年々高まっているといえます。

2 不正が生じるメカニズム

(1) 不正は経営上のリスク

企業からみれば，不正も経営上のリスクです。法令違反や粉飾決算といった事業遂行に関連するリスクと財務リスクが組み合わさったリスクも含みます。世界のありとあらゆる地域や組織で発生し得る不正（fraud）は，その規模が大きいほど被害や影響も深刻かつ広範囲に及びます。情報がさまざまなルートを経由して飛び交う現代では，企業内部で不正が実行されたという事実が白日の下にさらされるのは時間の問題です。企業にとって良くも悪くも情報は瞬く間に拡散する時代です。

情報に触れる人々が多いほど，企業に対する信頼や信用は一気に損なわれ，ひいては経営状況を悪化させる大きな要因となります。企業が社会の信頼や信用を得るには，日々のたゆまぬ努力や活動が不可欠であり，積み重ねには時間と労力を要します。一方，不正や不祥事といった企業における管理体制の不備が明るみに出ることによって，社会の信頼や信用を失うのはいともたやすく，あっという間の出来事です。だからこそ，不正というリスクが発生しないような組織体制やしくみづくりが企業に求められます。

(2) 不正理論とモデルの進化

では，企業内部で不正を抑止するためには，どのような組織体制やしくみが必要なのでしょうか。以下では，不正や犯罪行為の分析において世界のさまざまな国々で広く活用されている理論やモデルを取り上げていきます。なお，本テキストは，情報を軸とするビジネスや企業の経営活動を取り扱っているため，取り上げる不正についても基本的に「職業上の不正」が中心的です。不正実行者が企業に所属する従業員（管理職を含む）や経営者，つまり，組織ぐるみの不正であれば企業も不正の実行者になりえます。ACFEの区分

図表 12-2　不正のトライアングルと構成要素

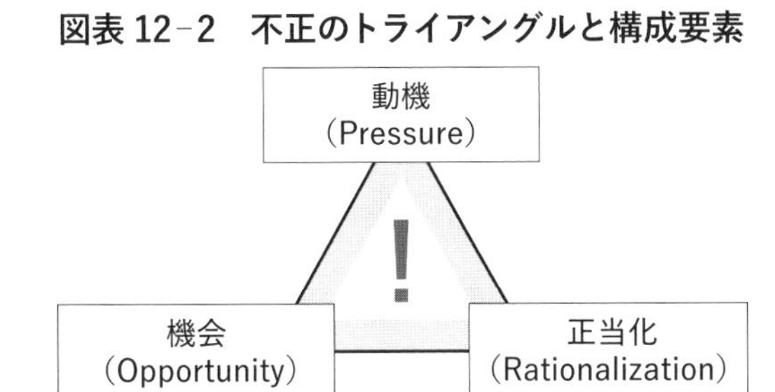

出典：Albrecht, W. S. (1991) Fraud in government entities: The perpetrators and the types of fraud, *Government Finance Review*, 7 (6), pp.27-30. Cressey, D. R. (1953) *Other People's Money: A Study in the Social Psychology of Embezzlement*, New York: NY, Free Press, p.30.

する職業上の不正には，会計不正（財務諸表を用いた不正）はもちろん，汚職（corruption）や，企業が利益獲得に向けて活用するために保有する資産（assets）の不正流用も含まれます[6]。ちなみに，資産は，企業が作成する財務諸表のうち貸借対照表の一要素として内訳，金額が記載されています。

アメリカの犯罪学者ドナルド・R.・クレッシー（Donald R. Cressey）は，不正を理論として初めて提唱した人物です。クレッシーは横領の発生原因について研究を行い，不正は動機，機会，正当化の3つの要素で構成されるとする説を生み出しました。その後1991年に，会計学者のスティーブ・W.・アルブレヒト（Steve W. Albrecht）がクレッシーの理論を個人の不正を対象にモデル化したものが「不正のトライアングル」（fraud triangle）とよばれています（**図表 12-2**）。不正のトライアングルは，不正が実行されるまでのプロセスにおいて，動機，機会，正当化という3つの要素が生じ，それらの要素がすべてそろっているという考え方を示しています。では，3つの要素について，以下でそれぞれ特徴をみていくことにしましょう。

(3) 3つの構成要素

①　動機（Pressure）

1つ目の要素である「動機」は，不正を誘発するきっかけともいわれ，不正を実行したいと欲する主観的な事情を示します。「圧力」といわれる場合もあります。例としては，他人に打ち明けることができない金銭的事情を抱えている場合があげられます。

従業員の場合，例えば，返済期限が近く迫っている私的な借金を返済する資金がない，豪華な暮らしや高級車といったステイタスシンボルへの憧れや欲求が強く，収入をはるかに超える金額の財やサービスを欲してしまうといったように，合理的な手段によって解決が難しく，他人と共有できない問題に直面すると，不正実行者には不正の動機や圧力が生じます。また不正実行者が経営者である場合には，投資家へのアピールや信頼を維持しようと，企業の掲げる利益目標の達成を無理に推し進めようとするといった事情が不正実行のきっかけとなります。

アメリカの行動経済学者ダン・アリエリー（Dan Ariely）が行った人のごまかしに関する一連の実験結果から，不正という行為を減らすには，人がなぜ不正な行動をとるのか，何によって不正が引き起こされるのかを理解することが出発点になるとされています[7]。人は決して不正に関与しないと思い込むことなく，誰しもが不正に関与してしまう可能性があるという意識で備えておく重要性の一つの示唆となるでしょう。

②　機会（Opportunity）

次に，2つ目の要素である「機会」です。不正実行を可能にする客観的な環境や方法を示します。例えば，経営者や管理者が自らの地位や立場を守るため，企業や部署の抱える財務的問題を秘密裏に解決しようと考える場合や，現金の取扱を担当する従業員が頻繁に現金の出入りに携わり，帳簿を自ら作成する場合などがあげられます。

よって，一般的には，チームや部署の管理者や長，役員，経理担当者などにおいては機会が整い，不正実行に関与しうる環境が生じやすいといわれています。ひとたび不正が実行されたとしても，発見されにくい体制やしくみになっていることで，誰にも知られるはずがないという意識が芽生えてしまい，不正実行を誘発する流れとなっています。

③ 正当化（Rationalization）

最後に，3つ目の要素である「正当化」です。正当化は，不正実行者が自らの行為を積極的に是認する事情を表すものです。不正実行者は，動機，機会がそろってくると，自分の不正行為を正当化するようになります。例えば，こんな犯罪行為に関与しなければならないほど，よほど自分は運が悪いとか，切羽詰まっているといった考えに至ります。そして，最終的に不正実行を決断するタイミングで，自らの善意にふたをしてしまいます。不正実行者が発覚したとき，「まさかあの人が…」と周囲の人々も驚くような人物であることが結構あるようです。

(4) 進化する不正モデル

現代に至るまで，不正のトライアングルは不正発生の要因を探るうえで重要な枠組みとして，不正防止や対策を専門とする人々に活用されてきました[8]。しかし，ACFE のジョセフ・T.・ウェルズ（Joseph T. Wells）が述べているように，クレッシーの不正のトライアングルは職業上の不正行為を犯す者の性質の多くを説明するには役立つものの，万能ではなく，また半世紀以上前の理論であり，社会の変化に対応できていないという限界が指摘されてきました[9]。

図表 12−3　修正版不正のトライアングル

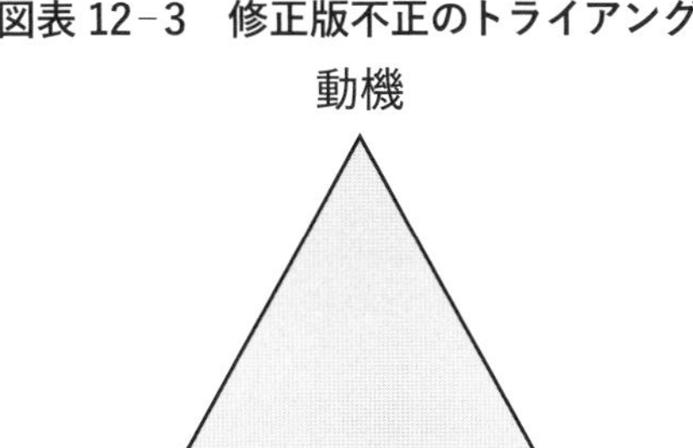

出典：ダグラス・M.・ボイル，デーヴィッド・T.・ウルフ，ダナ・R.・ハーマンソン（著），荒木理映（翻訳協力）（2018）「不正のトライアングルの向上による不正リスク管理の改善」『FRAUD マガジン』Vol.62（5月/6月号），ACFE JAPAN，12-17ページ。

そのような中，アメリカの会計学者ダグラス・M.・ボイル（Douglas M. Boyle）らはすでに存在する複数の不正モデルを，その向上をはかる観点から

図表 12-4　進化し続ける不正モデル

年号	モデル名
1953	不正の3要素（The Fraud Triangle）
1984	不正スケール（The Fraud Scale）
1991	不正のトライアングル（The Fraud Triangle Model）
2004	不正のダイヤモンド（The Fraud Diamond）
2009	不正のペンタゴン（Crowe's Fraud PentagonTM）
2010	新不正のトライアングル（The New Fraud Triangle Model）
2012	不正のメタモデル（不正行為のトライアングル）（Meta-model of Fraud）
2015	修正版 不正のトライアングル（An Revised Fraud Triangle）

出典：以下の文献，情報をもとに筆者加筆・作成。

1. Cressey, D. R. (1953) *Other People's Money: A Study in the Social Psychology of Embezzlement*, New York, NY: Free Press.
2. Albrecht, W. S., Howe, K. R., and Romney, M. B. (1984) *Deterring Fraud: The Internal Auditor's Perspective*, Altomonte Springs, FL: The Institute of Internal Auditors' Research Foundation.
3. Albrecht, W. S. (1991) Fraud in governmental entities: The perpetrators and types of fraud, *Government Finance Review*, 7 (6), pp.27-30.
4. Wolfe, T. D., and Hermanson, D. R. (2004) *The Fraud Diamond: Considering the Four Elements of Fraud*, December.
5. Crowe, H. (2011) *Why the Fraud Triangle Is No Longer Enough*, Horwath, Crowe LLP.
6. Kassem, R., and Higson, A. W. (2012) The new fraud triangle model, *Journal of Emerging Trends in Economics and Management Sciences*, 3 (3), pp.191-195.
7. Dorminey, J. A., Fleming, S., Kranacher, M., and Riley, Jr., R. A. (2012) The evolution of fraud theory, *Issues in Accounting Education*, 27 (2), pp. 555-579. DOI: 10.2308/iace-50131.
8. Boyle, D. M., DeZoort, F. T., and Hermanson, D. R. (2015) The effect of alternative fraud model use on auditors' fraud risk judgments, *Journal of Accounting and Public Policy*, 34 (6), November–December, pp.578-596.
9. ダグラス・M.・ボイル，デーヴィッド・T.・ウルフ，ダナ・R.・ハーマンソン（著），荒木理映（翻訳協力）（2018）「不正のトライアングルの向上による不正リスク管理の改善」『FRAUD マガジン』Vol.62（5月/6月号），ACFE JAPAN，12-17ページ。
10. 山本真智子（2018）「実践的コンプライアンスの要所をおさえる不正の心理：犯罪学理論にみる従業員不正の心理」『ビジネス法務』vol.18 no.5（5月），中央経済社，23ページ。
11. The Finance「不正リスク管理のための『不正のトライアングル』理論の進化と有効活用～業界業種業態の不正特性に応じた9種類の不正対策モデルとその使い分け手法～」（2023年5月12日），https://thefinance.jp/risk/230512（閲覧日：2023年11月17日）。

検証した結果，「修正版不正のトライアングル」を新たに提案しています（**図表 12–3**）。彼らは検証を通じて，正当化の要素はモデルに不可欠な要素と位置づけつつも，それを観察することの難しさを認識し，広義の実行力という要素に変更しています。

すなわち，修正版不正のトライアングルは，本来の不正のトライアングルを維持しつつ，3つ目の要素「正当化」を「実行力」（Capability）という要素に置き換えたものです。この新たな実行力という要素は，正当化という考え方を踏襲しながら不正実行者の個人的なスキルや特性を包含することで，より広範な不正実行者の性格や特徴としての地位や部門，専門知識，自信やエゴなどの能力を明らかにするのに適しているといわれています[10]。

このように，不正のトライアングルを基礎とする不正理論や不正対策モデル（合わせて不正モデルと称します）はさまざまな形で発展・進化を遂げています（**図表 12–4**）。日本企業が社内の不正対策を強化するうえで，不正のトライアングルの考え方には一定の有効性があることは確かでしょう[11]。

3 形作られ，失われる「ブランド」や「評判」

(1) 浸透する企業イメージ

皆さんがよく知っている企業というのは，市場や消費者の動向を把握し，消費意欲を刺激するための戦略を実行しています。自分の身近にある企業を想像してみるとき，どのような企業をイメージするでしょうか。普段の生活や暮らしにおいて消費している食料品や，愛用している製品，享受しているサービスをそれぞれ提供している企業名を思いつくでしょう。

またインターネットなどの広告や宣伝を通じてよく目にする企業名を思い出すこともあるでしょう。就職活動中の大学生にとっては，志望する業界や業種の中で企業を複数あげることもできるでしょう。多くの人々に企業名が知られている企業は，さまざまな場面で実施されるアンケート調査の「○○△▽の企業ランキング」において常に上位にランキングされていることもしばしばです。

(2) ブランドや評判は形作られる

一般の人々が抱く企業のブランド（brand）や評判（reputation）はもともと企業が経営活動において培ってきたものであり，社会に広く浸透したものです。このようなブランドや評判といった類は，企業が長い年月をかけ築き上げていくものであり，急に形成される訳ではありません。企業に対する評判はブランドとは最近少し事情が異なってきつつあるようです。経営活動を通じて関わった顧客や消費者の感想やコメントなどがインターネット上で自由に書き込まれ，レビューする情報利用者の間で広がり，企業や製品，商品，ショップといった評判は急速にできあがっていきます。

それだけに，評判がいったん下がればあっという間に顧客離れが起きます。ブランド価値や評判の高さが，企業の経営状況を支える反面，経営状況をたちまち悪化させる要因にもなりえます。よって，企業にとっていかにブランド価値を向上し，評判をよくするかをコントロールすることも大事です。顧客をつなぎとめるためには，企業のブランドや評判に対するイメージ戦略が重要なカギを握っています。

つまり，自社の製品やサービスに対する評判を企業が管理していく時代です。ブランド・マネジメントやブランディング，レピュテーション・マネジメントというキーワードを書籍のタイトルやインターネット上で最近みかけることが増えたのは，企業の経営活動におけるそれらの重要性が高まっている点からです。皆さんも関連する書籍や記事を検索してみるとよいでしょう。

(3) イメージとリアリティの差

さて，イメージがよい企業は安定した経営状況にあるといえるでしょうか。地域社会に密着した長年続く中小企業の経営が常に好調といえるでしょうか。答えはすべてノーです。確かに，規模や，創業年数といったものが企業を評価するうえで参考情報にはなるでしょう。また企業のブランドや印象といったものが一般の人々に深く浸透し，それらにより企業を評価してしまいがちです。

しかし，企業のブランドや評判，あるいは印象や認知度というものは，企業が時間とお金をかけて作り上げた姿（イメージ）に過ぎないことを理解しておく必要があります。企業は自社のブランドイメージを確立するため，結構な金額の費用をかけて広報や宣伝を積極的に行っています。このようなブランドイメージ確立のための戦略を，ブランディング戦略とよびます。ブランディング戦略を通して，企業に対する認知度を高め，好感度を向上させることで，企業は最終的に利益獲得につなげたいと考えています。

(4) 新たなブランディング戦略～都会から地方へ～

新たなブランディング戦略を一例として，帝国データバンクの調査（2022年）[12] が興味深いデータを示してくれています。その調査によると，大阪府に本社をおく企業が他府県へ転出する件数が他府県から転入する件数を 41 年連続上回ったという結果が明らかとなっています。また同社の首都圏企業に対する調査においても，2022 年の転出件数が過去 20 年で最多となり，2019 年調査に比べ 1.4 倍になるなど，都会から地方へと本社所在地や本社機能を移すことによってブランディングの確立をはかろうとする動きがみられます。

企業のイメージを形作ることは，企業への愛着や親しみをもつ顧客をつなぎ止める戦略として有効です。しかし，永久に好印象が持続するものとはいえない点で，企業のイメージ戦略はリスクになりうることを理解しておく必要があります。消費者としては，企業のイメージと経営状況は別のモノとしてとらえておく構えが大事でしょう。

誰でも知っている企業だからといって，その企業を信頼できる訳ではありませんし，また経営状況が好調であるから，その企業の経営に安全性が担保されているとはいえません。またブランド価値がある，あるいは評判がよいというのは永遠に維持されるものではなく，ひとたび不祥事が発覚してしまえば，ブランドや評判は傷つき失われてしまうものです。築き上げるには年月を要するブランドや評判ですが，失うときはあっという間であり，回復するには相当な時間がかかります。なぜなら，ブランドや評判は「信頼」が土台となるからです。企業が評判を積極的に管理する重要性をアメリカの経営学者ダニエル・ディアマイヤー（Daniel Diermeier）は指摘しています[13]。

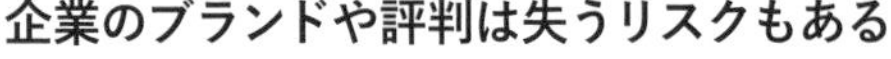
企業のブランドや評判は失うリスクもある

4 リスク対応

(1) 自然災害リスク

企業が想定する経営上のリスクのうち，発生すると事業の継続が困難になるリスクの上位3つを以下で企業規模別に示しています（**図表12-5**）。これによると，「自然災害リスク」は，大企業，中小企業においていずれも上位の回答であったことがわかります。また大企業では，「情報セキュリティ上のリスク」が「自然災害リスク」を超える回答率で最大値を示しています。一方，中小企業では「情報セキュリティ上のリスク」は3つの中で最小値であり，企業規模による認識の差が明らかとなっています。なお，中小企業で最大値をとっているのは，「設備の故障リスク」という結果でした。

実際，近年の自然災害は個人の生活や暮らしに加え，企業経営においても甚大な被害・損害をもたらしていることが，保険会社の保険金支払額からも

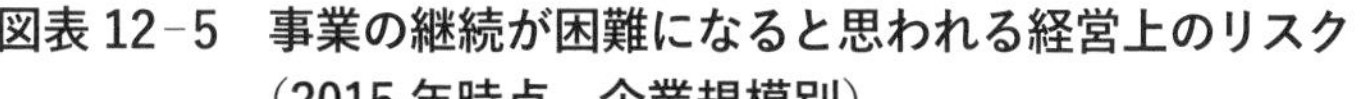

図表 12－5　事業の継続が困難になると思われる経営上のリスク（2015 年時点，企業規模別）

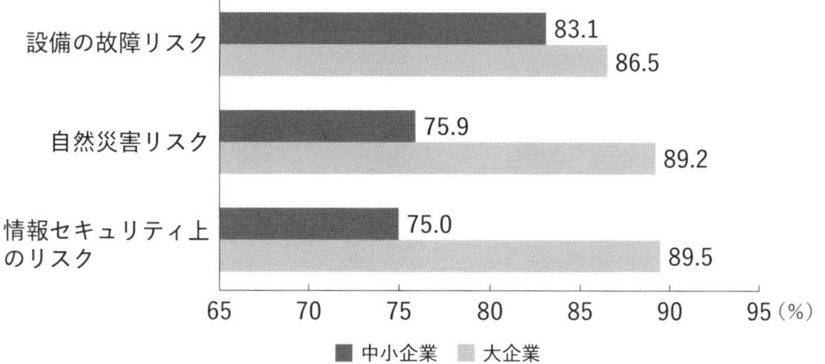

出典：中小企業庁（2016）「中小企業白書 平成28年版」211ページ，https://www.chusho.meti.go.jp/pamflet/hakusyo/H28/PDF/chusho/04Hakusyo_part2_chap4_web.pdf，みずほ総合研究所株式会社（2015）「中小企業のリスクマネジメントと信用力向上に関する調査 報告書」（中小企業庁委託）28ページ，https://dl.ndl.go.jp/view/prepareDownload?itemId=info%3Andljp%2Fpid%2F11279352&contentNo=1をもとに筆者作成（いずれも閲覧日：2023年11月18日）。

図表 12－6　自然災害で生じた保険金支払額（2019 年 3 月末現在）

順位	災害名	地域	年度	支払保険金（億円）			
				火災・新種	自動車	海上	合計
1	平成30年台風21号	大阪・京都・兵庫等	2018	9,363	780	535	10,678
2	平成3年台風19号	全国	1991	5,225	269	185	5,680
3	平成16年台風18号	全国	2004	3,564	259	51	3,874
4	平成26年2月雪害	関東中心	2014	2,984	241	－	3,224
5	平成11年台風18号	熊本・山口・福岡等	1999	2,847	212	88	3,147
6	平成30年台風24号	東京・神奈川・静岡等	2018	2,946	115	－	3,061
7	平成30年7月豪雨	岡山・広島・愛媛等	2018	1,673	283	－	1,956
8	平成27年台風15号	全国	2015	1,561	81	－	1,642
9	平成10年台風7号	近畿中心	1998	1,514	61	24	1,599
10	平成16台風23号	西日本	2004	1,112	179	89	1,380

出典：一般社団法人日本損害保険協会（2020）「【別紙】令和元年台風15号，台風19号および10月25日の大雨による災害に係る各種損害保険の支払件数・支払保険金（見込含む）等について【No.19-030】」参考資料（3月20日），https://www.sonpo.or.jp/news/release/2019/2003_03.html（閲覧日：2023年11月18日）をもとに筆者作成。

注：支払保険金（見込）は千万円単位で四捨五入を行い算出されているため，各項目を合算した値と合計欄の値が一致しないことがある。

図表 12-7　自然災害リスクへの対応状況（2020 年時点，企業規模別）

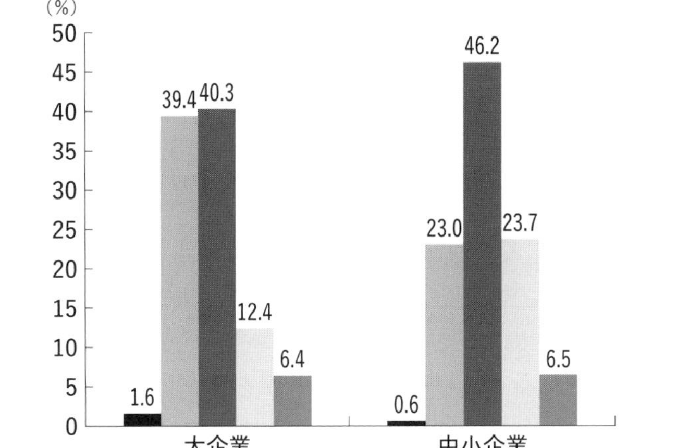

出典：中小企業庁（2020）「中小企業白書 2020年版」Ⅰ-56ページ，https://www.chusho.meti.go.jp/pamflet/hakusyo/2020/PDF/chusho/03Hakusyo_part1_chap1_web.pdf（閲覧日：2023年11月18日）。
Source：帝国データバンク（2019）「自然災害に対する企業の対応状況調査」https://www.tdb.co.jp/report/watching/press/p191206.html（閲覧日：2023年11月18日）.

読み取ることができます（**図表 12-6**）。このような自然災害リスクに備えるため，何らかの対応策を講じているかを問う調査（2020 年時点）では，「十分に対応を進めている」「ある程度対応を進めている」と回答したのは，大企業が 41 パーセント，中小企業が 23.6 パーセントとなっています（**図表 12-7**）。自然災害リスクへの対応にも企業規模別に差がみられることがわかります。

(2) 情報セキュリティ上のリスク

インターネットや情報システムを活用する企業が増え，年々経営におけるそれらへの依存度が増すに従って，情報セキュリティ上のリスクも年々大きくなっています。サイバー攻撃等により企業の運営するシステムが一時的にアクセス不能になる事例や，顧客等の個人情報流出や社内の機密情報漏洩と

図表 12‒8　情報セキュリティの組織向け五大脅威（2022 年）

順位	脅威（組織）	前年度順位
1位	ランサムウェアによる被害	1位
2位	標的型攻撃による機密情報窃取	2位
3位	サプライチェーンの弱点を悪用した攻撃	4位
4位	テレワーク等のニューノーマルな働き方を狙った攻撃	3位
5位	内部不正による情報漏えい	6位

出典：独立行政法人情報処理推進機構（2022）「情報セキュリティ10大脅威2022～誰かが対策をしてくれている。そんなウマい話は，ありません!!～」，https://www.ipa.go.jp/security/10threats/10threats2022.html（閲覧日：2023年11月18日）。

いった事例が後を絶ちません。そのような事例が発生するたび，企業は多大な損害を被るだけでなく，広く社会の信頼やブランド価値を失うことになりかねません。いかに情報セキュリティ上のリスクをマネジメントするかが，企業に問われる時代です。

先述した不正の手口と類似していますが，情報セキュリティ犯罪の手口は巧妙かつ高度になってきています。また，ネットワークを介して機器や設備が常時接続され，多数のデータを取り扱っている企業の情報システムがサイバー攻撃のターゲットになりやすいのは，情報にアクセスしやすいといった環境も影響しているようです。

さて，独立行政法人情報処理推進機構がまとめた情報セキュリティ組織向け脅威 2022 年の上位 5 つを示したのが，**図表 12‒8** です。1 位から 4 位までが企業外部者からの攻撃によるものですが，5 位は企業内部者による犯罪であり，情報セキュリティ上のリスクが企業内外に潜んでいることがわかります。同機構が公開した資料を参考に，内容について少し触れておきたいと思います[14]。

まず 1 位の「ランサムウェアによる被害」ですが，メールや Web サイトを利用し，ウイルス（ランサムウェア）に感染させる手口です。被害が発覚すると，システム障害や一時停止を余儀なくされ，最悪の事態として復旧に時間を要する場合もあります。2位の「標的型攻撃による機密情報窃取」は，特定の企業や組織に対する攻撃として，メールやWebサイトにウイルスを仕込むなどの手口でサーバーやパソコンを感染させ，機密情報を奪おうとするものです。3位の「サプライチェーンの弱点を悪用した攻撃」は，原材料・部品等の調達に関わる取引先を攻撃し，ターゲットとする企業の機密情報を狙うものです。4位の「テレワーク等のニューノーマルな働き方を狙った攻撃」は，2020年の新型コロナウイルス感染症拡大以降，テレワークといった働き方が普及するにつれ増加した，ウェブ会議やテレワーク用のソフトウェアが有する脆弱性を悪用した不正アクセス等の攻撃を受けるものです。

そして，5位の「内部不正による情報漏えい」ですが，企業の従業員や元従業員といった組織関係者の不正行為により，情報が漏えいするものです。いずれも企業にとっては，経営に甚大な被害や損害を与えかねない情報セキュリティ上のリスクです。

情報セキュリティ上のリスクに業種や業態の垣根はない

(3) 情報を吟味するプロセスが成功へ導く

情報は日々刻々変化します。ソースとよばれる情報源や原データが作成者や利用者を経由していろいろな形に変容していきます。インターネットを活用すれば，誰にでも情報発信が簡単にできますので，情報はとにかく身の回りにあふれ，セキュリティを常に意識して活用する所作が求められます。

重要なのは，情報源の信頼性を確認する行為と情報を取捨選択する判断力が備わっていることでしょう。個人，企業のいずれにおいても，何か行動を起こそうとするための根拠を与える信頼性の高い情報を集める能力があるか，また複数の情報から必要な情報だけを取り出し，その他の情報に惑わされず判断を下せるか，という情報を吟味するプロセスが求められる時代です。

皆さんがこれまで学んできたように，企業経営は意思決定の連続であり，経営者の意思決定によって，企業を発展させることも，衰退させることもあります。経営者の指示通りにのみ動く組織や集団，従業員であっては，企業経営を長続きできないでしょう。最終的に経営に支障をきたすようになり，大きな損失をもたらす事例はこれまでもじゅうぶんあります。

企業全体や組織に属する従業員個々に情報収集・分析力が備わっていて発揮できる職場環境であれば，企業経営を安定させる原動力となり，経営者の意思決定を支え，適切な方向へと導くことができるでしょう。企業経営の行く末を決めるにあたって，経営者のリーダーシップは重要な要素ですが，情報を扱う能力に優れた企業組織や構成員としての従業員の能力や貢献があってこそ企業経営は持続できるのです。

(4) 技術力と判断力はイコールではない

コンピュータを上手に操作できる人が情報を上手に活用できるとは限りません。このような思い込みをしてしまう場面が，意外にあるかもしれませんが，コンピュータ操作に求められるのは「技術（テクニック）」であり，ソフトウェアやアプリケーションの操作や手順さえ丸暗記してしまえば，あとは単なる反復作業です[15]。

しかし，コンピュータを操る技術はそれなりにあるのにもかかわらず，いざ情報を集めようとすると，何をどうしていいのかわからなくなってしまうという人々を時折みかけます。なぜこのようなことが起きてしまうのでしょうか。そのような人々に共通しているのは，どんな情報を集めなければならないのか，どの情報に利用価値があるのかなどといった判断力や情報を選択・活用するための専門知識が不足している点です。

図表 12－9　技術力と判断力のちがい

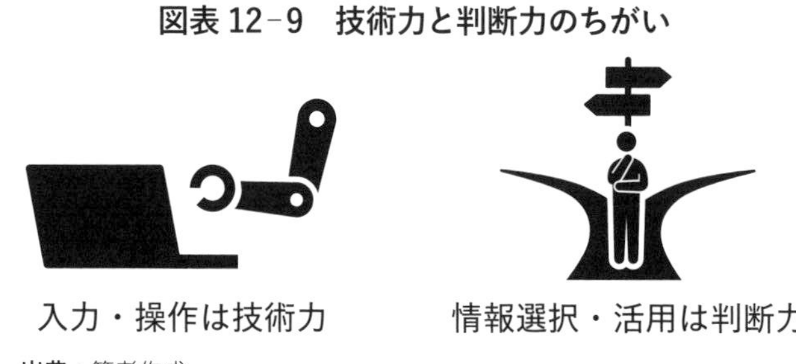

出典：筆者作成。

要するに，判断力と技術力とは全くかけ離れたものであると理解しましょう（**図表12－9**）。皆さんは，いま企業の経営に求められている情報が何かを適切に理解し，最小限の時間で収集した情報を駆使して経営計画を作成できる人を目指してください。

(5) リスク対応の必要性

本章では，さまざまなリスクを取り上げてきましたが，不正リスク，自然災害リスク，情報セキュリティ上のリスクといった企業経営上のリスクは，個人にもあてはまります。過去の事例は，自分が不正に関わらない，不正をしないと強く意識しているから大丈夫と思っている人ほど，職場環境や生活環境の変化や上長などの圧力を受け，気が付けば自身が不正実行者になりがちであることを示しています。それだけに，不正に対する意識と行動を自制することの難しさを知っておくことが大切です。

また情報セキュリティ上のリスクについても，個人，企業がそれぞれ普段から情報の慎重な取り扱いを行っていく必要があります。ひとたび情報の取り扱いを誤れば，企業は長年にわたって築き上げてきたブランド価値や評価を一瞬にして失いますし，個人は自身の生活や暮らしを脅かされてしまうリスクに晒されています。情報は社会構造を変革するほどの影響力を有し，効果をもたらしますが，その取り扱いによっては企業や個人を脅かす大きなリスクを包含していることをあらためて理解しておきましょう。

企業は経営上のさまざまなリスクの発生をあらかじめ予測し，リスクに適した対応策を講じておくことで，経営への影響をできるだけ抑えることができるのです。それが，リスクをマネジメントするということです。リスクと聞くと目をそらしがちです。企業からみれば，対応策にはアイデアも必要ですし，時間も費用もかかりますので，なかなか対応策に踏み切れない経営者もいるでしょう。

しかし，リスクから目をそらし，リスクが発生してから対応する方が，はるかに資金と労力を必要とします。リーダーシップを発揮し，早い段階でリスクに対応する経営者の姿勢が，結果としてリスクの最小化につながります。このリスク対応に関する考え方は，企業だけでなく，個人にもあてはまりますので，皆さんも理解しておくとよいでしょう。

リスクに対応する経営者の姿勢が企業を守る

◀注・参考文献▶

1　ナイトの原著は Knight, F. H. (1921) *Risk, Uncertainty and Profit*, Boston, Houghton Mifflin.（日本語訳：明治大学経済学研究会（1965）『危険，不確実性および利潤』文雅堂（再版））であるが，本テキストでは新版の Knight, F. H. (2009) *Risk, Uncertainty and Profit*, Signalman Publishing を参考にしている。

2　この分類は東京海上日動リスクコンサルティング株式会社（2007）「内部統制とリスクマネジメント」リスク・レーダー，No.2007-1，6-7 ページを参考にしている。経済産業省 リスク管理・内部統制に関する研究会（2003）報告書「リスク新時代の内部統制」（6 月）においては，事業機会に関連するリスクと事業活動の遂行に関連するリスクに区分している（参考資料：中小企業庁（2016）「中小企業白書 平成 28 年版」210 ページ）。

3　上記白書，「リスクマネジメントとは」225 ページの定義を参照。中小企業白書のリスクマネジメントに関する情報は，https://www.chusho.meti.go.jp/pamflet/hakusyo/H28/h28/html/b2_4_1_4.html（閲覧日：2023 年 10 月 25 日）を参照。

4　JIS31000:2018（JIS A3100:2019）の原文については，一般社団法人日本規格協会編（2019）『対訳 ISO 31000:2018（JIS Q 31000:2019）リスクマネジメントの国際規格 ポケット版』を参考にした。

5　JIS は，産業標準化法（JIS 法）に基づく国家規格であり，製品，データ，サービスなどの種類や品質・性能，それらを確認する試験方法や評価方法などを定め，経済産業大臣等により，日本産業標準調査会での審議・議決を経て必要に応じて制定・改訂される（日本産業標準調査会「JIS（Japanese Industrial Standards）とは」，https://www.jisc.go.jp/jis-act/index.html，および経済産業省「最新の JIS 情報」，https://www.meti.go.jp/policy/economy/hyojun-kijun/jis-joho.html（いずれも閲覧日：2023 年 11 月 18 日））。なお，JIS Q31000：2019 に関連する規格には「ISOGUIDE 73（リスクマネジメント－用語）」および「ISO/IEC31010（リスクアセスメント－技術）」がある。

6　職業上の不正に関する分類は，ACFE (2022) *Occupational Fraud 2022: A REPORT TO THE NATIONS*（2022 年度日本語版「職業上の不正に関する国民への報告書」，9-10 ページ，https://www.acfe.jp/study/download-library/（閲覧日：2023 年 11 月 16 日））を参考にした。

7　ダン・アリエリー（著），櫻井祐子（訳）（2014）『ずる－嘘とごまかしの行動経済学』早川書房，205，302 ページ（原典：Dan Ariely (2012) *The (Honest) Truth About Dishonest: How We Lie to Everyone-Especially Ourselves*, Harper）。

8　甘粕潔（2018）「不正リスクへの理解を深める－『不正のトライアングル』の活用」特定非営利活動法人日本システム監査人協会第 238 回月例会資料，https://www.saaj.or.jp/kenkyu/pdf/238Shiryo.pdf（閲覧日：2023 年 11 月 17 日）。

9　Wells, J. T. (2007) *Corporate Fraud Handbook: Prevention and Detection*, 2nd edition,

John Wiley and Sons（八田進二・藤沼亜起監訳，ACFE JAPAN 訳（2009）『企業不正対策ハンドブック－防止と発見（第 2 版）』第一法規，16-17 ページ参照）.

10 ダグラス・M.・ボイル，デーヴィッド・T.・ウルフ，ダナ・R.・ハーマンソン（著），荒木理映（翻訳協力）（2018）「不正のトライアングルの向上による不正リスク管理の改善」『FRAUD マガジン』Vol.62（5 月/ 6 月号），ACFE JAPAN，15-16 ページ。

11 甘粕潔（2009）「企業不正対策の課題」八田進二編著『会計・監査・ガバナンスの基本課題』同文舘出版，第 26 章，376-378 ページ。

12 株式会社帝国データバンク（2023）「大阪府・本社移転企業調査（2022 年）」（3 月 30 日），https://www.tdb.co.jp/report/watching/press/s230303_58.html，同 社（2023）「特別企画：首都圏・本社移転動向調査（2022 年）」（3 月 15 日），https://www.tdb.co.jp/report/watching/press/p230303.html（いずれも閲覧日：2023 年 11 月 18 日）。

13 詳細は，ダニエル・ディアマイヤー著，斉藤裕一訳（2011）『「評判」はマネジメントせよ 企業の浮沈を左右するレピュテーション戦略』CCC メディアハウス（原書：*Reputation Rules: Strategies for Building Your Company's Most Valuable Asset*, McGraw-Hill）および同氏（2012）「企業の評判を管理する」『日経ビジネス』（5 月 7 日号），70-71 ページ（記事：70-73 ページ）を参照。

14 独立行政法人情報処理推進機構（2022）「情報セキュリティ10 大脅威 2022～誰かが対策をしてくれている。そんなウマい話は，ありません!!～」，https://www.ipa.go.jp/security/10threats/10threats2022.html（閲覧日：2023 年 11 月 18 日）。

15 齋藤雅子（2015）『ビジネスを学ぶ基礎ゼミナール』同文舘出版，52-54 ページ。

第13章

ガバナンスを強化する
～情報開示の拡充～

1 企業のシステム障害がもたらす被害

情報があらゆるモノをつなぐ時代です。企業が経営活動に常時活用する情報ネットワークや情報システムを狙ったサイバー攻撃が急速に増えています。悪意のある第三者が企業のWebサイトやパソコンを入り口としてウイルスやマルウェアを仕込み，顧客情報や機密情報への不正アクセスやデータ破壊などを目的に攻撃を仕掛けてきます。手口はさまざまですが，自社の情報ネットワークやシステムがサイバー攻撃の被害にあうと，調査や復旧するまでの間，一時的にシステムの稼働を停止するといった措置が講じられます。中には，数時間や数日ではなく，長期間にわたってシステム復旧の見通しが立たないという事態も引き起こします。システム障害の影響は多方面にわたり，個人や社会への影響が出ます。

金融機関のバンキングシステムが一時的に停止してしまうと，個人は預金の出し入れで，企業においては取引の決済に支障が出ます。大手ネットスーパーのインターネットサイトが一時的に利用できなくなると，たちまち消費者の食料品や日用品の購入が滞ります。交通機関の運行システムが一時的に停止してしまうと，乗降者はたちまち移動が困難になり，システム復旧までひたすら待つか，代替の交通手段に振り替えなければなりません。私たちの生活基盤が企業の経営活動を通じて支えられている1つの象徴的な例です。

最近ではこのようなサイバー攻撃の被害にあう企業事例は珍しいものではなくなりつつあります。企業の管理・運営する情報システムやネットワークに対する攻撃が，個人や社会全体に深刻な影響や損害をもたらします。さらに深刻な場合，ビジネスの継続が難しくなるといった経営基盤を揺るがしかねない被害や損害を生み出し，場合によっては休業や倒産に至ります。つまり，企業に対するサイバー攻撃は企業だけの問題にとどまらず，私たち個人や社会にとっても大問題であり，対岸の火事どころではありません。企業が被害にあえば，企業に関わる消費者や顧客，ひいてはステークホルダーにも被害は及びます。残念なことに，このような事案が日常的に発生しつつあるのが，現実世界です。

企業のシステム障害，影響は社会全体に広がる

2 企業不祥事の社会的影響

(1) 社会問題化する企業不祥事

企業はそもそも利益獲得を目指すために活動を行う組織です。私たちに財・サービスを提供する企業は社会になくてはならない存在です。日本国内では，大企業，中小企業，商店を合わせて何百万もの組織が経営活動を行っています。企業が付加価値を生み出し，提供することで，私たちの暮らしや社会は成り立っていますので，企業規模が大きいほど存続如何が個人，地域や社会ひいては国民全体に影響を与えます。

それだけに，企業が社会を顧みず，自らの利益追求を優先させてしまうと，一般の人々にとって，また社会にとって悪影響を及ぼすことになりがちです。2023 年に国内で明るみに出た不祥事や事件の件数を図表化しています（**図表 13-1**）。すべてが企業によるものではありませんが，これだけの不祥事や事件が毎月のように国内で発生している現実を改めて思い知らされます。

(2) 不祥事の背景に潜むもの

深刻な社会問題に発展した企業不祥事として，ビッグモーターの例があげ

図表 13-1　国内で生じた企業不祥事の件数（2023 年 10 月 31 日時点）

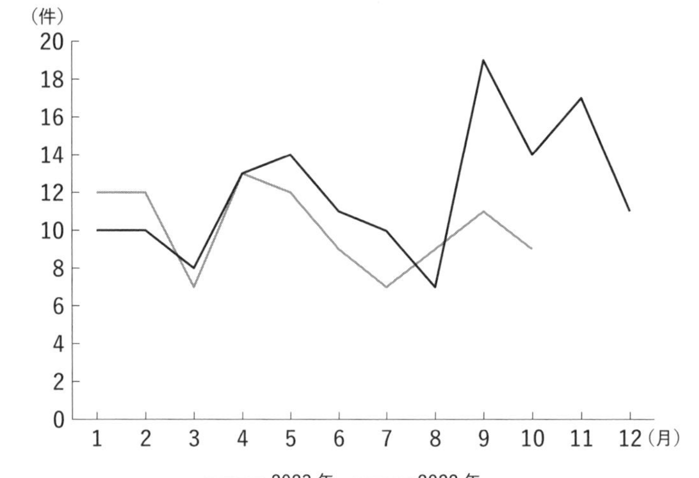

出典：株式会社エフシージー総合研究所「フジサンケイ危機管理研究室」，https://www.fcg-r.co.jp/research/incident.html（閲覧日：2023年11月27日）の情報をもとに筆者作成。

られます。中古車販売・車検整備を手がけるビッグモーターは，2023 年 10 月 24 日に国土交通省から 34 事業場に対する行政処分を受けました。自動車整備を行う事業所に必要な国土交通省の許認可，指定について，34 事業所の多くで許認可の一時停止あるいは指定取り消しになっています[1]。また保険金の不正請求などが発覚し，金融庁は同年 11 月 30 日付でビッグモーターの損害保険代理店としての登録を取り消すという初めての処分事案になります[2]。保険代理店契約を結んでいた保険会社はすでにビッグモーターおよび関連会社計 3 社との契約を解除する，あるいは，解除で合意しています[3]。不祥事発覚後，同社は資金繰りが急速に悪化しています[4]。企業の行き過ぎた利益至上主義が引き起こした顕著な事例です。

全国規模の企業に成長した背景には，自動車買取価格の不当な提示や車検整備不良などが繰り返されてきたことがあったようです。企業の利益最優先という経営方針が，従業員や組織全体に営業ノルマ達成という動機と，不正を実行する機会を与え，最終的にノルマ達成による自己保身という形の正当化につながっています。すなわち，第12章で取り上げた不正のトライアングルである3要素「動機」「機会」「正当化」すべてがそろった典型的な事例です。利益至上主義にとらわれ，全社的に法やルールを軽んじた結果，消費者や社会の信頼を裏切った企業の責任はきわめて大きいといえるでしょう。

3 企業は「営利」を追求する組織

(1) 歴史は繰り返す

歴史的に，企業が引き起こす不祥事やスキャンダルが社会に多大な損害や影響を及ぼすという事例は1つや2つではなく，実のところ繰り返されてきました。残念なことに，消費者や顧客が不安に陥り，被害を受けるようなビジネスや企業を完全に撲滅することはできません。企業が慈善事業ではなく「利益を営む」ことを目的に活動している組織であるため，何よりも利益獲得を優先させてしまうという事象はいつの時代にも起こりうるのです。

不正を取り扱った章で述べたように，大規模な不正事例が発覚するたび，より厳しい法やルールが設けられますが，法の目をかいくぐり，いずれは破られてしまいます。実行者が手段を選ばず，売上や利益の獲得を優先し，消費者や顧客を顧みない企業が現実に存在している点も，個人あるいは消費者としてじゅうぶん認識しておくべきでしょう。

経営が好調であるときには起こりにくい不正も，経営状況が悪化したときには起こりやすくなるものです。日本経済を揺るがした企業不祥事の数々は，海外メディアでも大きく報道されました。例えば，イギリス国営放送BBCは2018年記事において，不祥事を起こした日本の五大企業としてオリンパス，東芝，タカタ，神戸製鋼所，日産を取り上げています[5]。悪化する経営状況を回復させる，業績不振や不正を隠す，あるいは地位や立場の保身など理由や手口はさまざまですが，経営者や管理者，従業員ひいては企業組織全体が法やルールを破って不正行為におよび，ステークホルダーを欺いた事例です。

日本企業を対象とする不正の発生に関するKPMGの調査（2019年）[6]において，過去3年間に「企業グループ内で不正が発生した」と回答した企業が2018年時点で32パーセントに達しています。そのうち約45パーセントが企業内部（自社）では不正は発生していないものの，企業グループの国内・海外子会社で不正が発生したと回答しています。大企業は複数の子会社を国内・海外に抱えている場合が多いことを踏まえると，企業単独だけでなく，企業グループ内においても不正を抑止するしくみを整備する重要性がみえてきます。

企業は本来，利益獲得を優先

(2) 株式会社がもつスケール感と弊害

株式会社は，あらゆる企業の中でも金融市場で株式を発行することで多額の資金調達を行い，また金融機関から多額の融資を得る立場にあります。それだけに動かす資金や関わるステークホルダーの数的規模も社会的影響も大きくなります。したがって，株式会社は社会から「信頼を得る存在」であり続ける必要があります。しかし，私たちが忘れてはならないのは，株式会社という大規模化・複雑化された組織が，市場における「営利」を追求する企業組織であることに変わりはないという点です。

アメリカの経営史学者アルフレッド・D.・チャンドラー（Alfred D. Chandler）は，企業組織，とりわけ大企業の経営者は市場メカニズムの機能や秩序を調整する役を委ねられているという点を「見える手」（visible hand）

と表現しています[7]。大企業の論理が優先されると，利益至上主義を貫こうとするあまり，経営者判断に依拠した組織となり，企業の所有者を含むステークホルダーをないがしろにしてしまう企業風土になりがちです。

企業組織が巨大化するほど，組織構成員は所属する部門や部署の一業務をこなすことに注力しますが，企業組織全体の利益や将来発展といった広い視点での貢献を意識する場面が少なくなる傾向にあります。また経営者のリーダーシップによるトップダウン型の全社的な企業目標の設定や実現が中心的となることで，業務別や部門別から積みあがったアイデアやビジネス機会を形にするようなボトムアップ型の目標設定が難しくなります。個々の人材が自らの有する潜在的能力（専門知識やリテラシー）を企業経営に発揮できる場面が生まれにくいというのも，大規模な経営組織の弊害です。

そういった状況から，株式会社という巨大組織においては，企業経営の全体像が個々の組織構成員にはつかみづらく，自分の所属する企業に何が起きているのか，直面しているリスクは何かなど，企業の経営状況はもちろん，他の部門や部署の人々がどのような業務を遂行しているかに対して無関心になりがちです。

また，株式会社にとって，投資家や債権者を含むステークホルダーがどれほど重要な存在かをじゅうぶん理解できていない従業員も少なからず存在します。よほど経営状況が悪化してから，インターネットを介して自社のおかれている厳しい経営状況や経営破綻の情報を初めて知る従業員すらいます。そのような状況に陥らないためにも，普段から情報への感度を高めておきましょう。企業の経営破綻はぎりぎりまで隠蔽されるものです。リストラという言葉が社内で噂になり始めてから，事態の深刻さを理解するようでは，自身のポテンシャルを活用できる雇用機会をみすみす失ってしまいます。

4 ガバナンスを有効に機能させる情報開示 ～非財務情報の拡充～

(1) コーポレート・ガバナンスとは

現実問題として，過去から現在に至るまで企業の違法行為や不祥事が発覚するたび，金融市場は不安定化し，社会全体が深刻なダメージを受けてきました。各国政府は企業を取り巻く広くステークホルダーを保護する観点で，さまざまな法やルールを設け，企業による情報開示制度の充実をはかってきています。なぜなら，企業内部で引き起こされる不正や違法行為を抑止するための枠組みを強化する必要性があるからです。

コーポレート・ガバナンス（Corporate Governance，略称：CG，企業統治とも称されます）は「経営者に対するチェック機能や規律づけ」[8]と表現することができます。経営者は所有者に経営を委託されているに過ぎず，所有者と経営者が分離されている株式会社では，経営者はあくまでも所有者（株主）の利益最大化を達成するために企業経営を担う立場であり，所有者の意に沿わない行動や企業に損害をもたらすなどの行為を起こすことがないよう，監視するしくみがさまざまな形で導入されています。1980年代のアメリカ，1990年代の日本で相次いだ企業不祥事や企業倒産の事例に端を発し，経営者を監視する枠組みの重要性が高まったことがその背景にあります。

(2) ガバナンスの語源と要素

このガバナンスの語源は「操縦する」を意味するラテン語のグベルナーレ（gubernare）といわれています[9]。航海では，船長や乗組員には，船の所有主や貨物の荷主といったさまざまな人々への責任と義務が生じます。経営の舵とりもまた航海と同様に難しく，企業は組織を束ねる経営者，組織構成員として活動する従業員だけでなく，企業の所有者である株主やメインバンクとなる金融機関，取引先といったステークホルダーへの責任と義務を負います。株主は企業の直面する困難への対処を，経営者や従業員の手に委ねなけ

図表 13-2　ガバナンスの要素

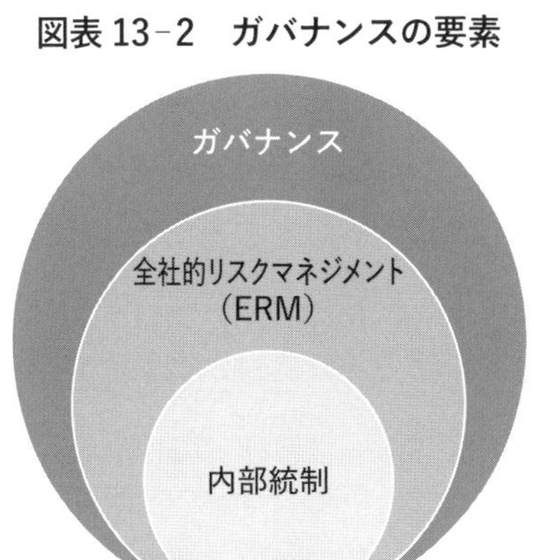

出典：金融庁・企業会計審議会第22回内部統制部会（2022）「事務局資料（内部統制報告制度について）」3ページ，https://www.fsa.go.jp/singi/singi_kigyou/siryou/naibu/20221013/1.pdf（閲覧日：2023年11月19日）をもとに筆者作成。

ればなりません。このような考え方のもと，舵とりの難しさを表すガバナンスという用語が使われるようになったのです。

ガバナンスは第 12 章で取り上げた全社的リスクマネジメント（ERM）と内部統制という 2 つの主要な要素で構成されます（**図表 13-2**）。図表から明らかなように，企業経営者に対するチェック機能や規律づけ，いわゆるガバナンスの強化を目指すためには，全社的リスクマネジメントと内部統制のいずれの充実も不可欠であると理解できるでしょう。

金融商品取引法では，株式を上場する企業に対して作成を義務づけている有価証券報告書で「コーポレート・ガバナンスの状況」という項目を新たに設け，また「監査の状況」の記載を充実させるための情報開示を求めており，開示府令改正によってさらなる充実をはかっています。また会社法（2019 年改正）では，従来の有価証券報告書において明示されていなかった経営者報酬等に関する情報についても，2021 年 3 月 1 日以後に終了する事業年度の有価証券報告書での開示を義務づけています。経営者報酬は経営者の思惑や意図を示す情報といわれています。

コーポレート・ガバナンス強化を目的として，2015 年には金融庁が「コーポレートガバナンス・コード原案」[10]を提言し，コードに基づいた積極的な企業活動を上場企業に促しています[11]。これをもとに2021年6月には「コーポレートガバナンス・コード（改訂案）」[12]を公表しています。同コードは，株主の権利・平等性の確保，株主以外のステークホルダーとの適切な協働，適切な情報開示と透明性の確保，取締役会等の責務という4つの基本原則で構成されています。このような法的な対応は，経営者が自己の利益を追求するインセンティブがはたらきやすく，それが所有者（株主）の目的である利益最大化と対立する構図を想定したものです。

投資家保護の観点から，現在，有価証券報告書等の開示内容をより充実させるため，法令の見直しが進んでいます。その一例が，企業が開示する有価証券報告書の「経営上の重要な契約」に関するものです。金融庁は，2023年6月30日に「企業内容等の開示に関する内閣府令」等の改正案を公表し，2025年3月31日以後に終了する事業年度に係る有価証券報告書等から「重要な契約」の記載を企業に義務づける予定です[13]。投資家の投資判断において重要とされているものの，経営上の重要な契約内容（例えば，事業の賃貸借や経営の委任，技術援助契約等），財務諸表の追加情報（借入金や社債等に付された財務制限条項，コベナンツ[14]等が含まれる），借入金等明細表といった内容が諸外国と比較において，必ずしもじゅうぶん開示されていないという点が指摘されていたことを受けたものです。これにより，融資の契約額や社債の発行額が，自社の純資産額の一定比率以上である場合等に，その内容を有価証券報告書等で開示することが義務づけられます。

〈「コーポレート・ガバナンスの状況」における情報開示内容の発展〉

① 2003 年 3 月期から適用

• 有価証券報告書に新設された「コーポレート・ガバナンスの状況」において，役員報酬の内容（社内取締役と社外取締役に区分）

② 2010 年 3 月期から適用

• 役員の区分ごとの報酬総額，報酬種類別の総額，対象となる役員の員数

• 連結報酬総額 1 億円以上の役員の提出会社役員としての報酬総額，連結報酬の種類別の額

• 提出会社の役員の報酬等の額又は算定方法の決定に関する方針

③ 2019 年 3 月期から適用

〈報酬決定方針〉

• 報酬決定方針の内容及び決定方法（役職ごとの方針を定めている場合にはその内容）

• 固定報酬と業績連動報酬の報酬等の支給割合の決定方針

• 業績連動報酬に係る指標，指標の選択理由，業績連動報酬の額の決定方針

• 報酬等に関する株主総会の決議があるときは，決議日，決議内容（決議がないときは定款に定めている事項）

〈報酬実績〉

• 業績連動報酬に係る指標の目標及び実績

〈報酬決定プロセス〉

• 報酬方針の決定権限を有する者の氏名，名称，権限の内容及び裁量の範囲

• 報酬方針の決定に関与する委員会等が存在する場合には，手続の概要

• 報酬等の額の決定過程における取締役会・委員会等の活動内容

出典：金融庁（2021）「『コーポレート・ガバナンスの状況等』の開示」（4月），https://www.fsa.go.jp/news/r2/singi/20210416/06.pdf（閲覧日：2023年11月20日）を一部抜粋。

(3) 内部統制に関する情報開示

(3) -1　内部統制報告制度の導入

内部統制とは，「企業の財務報告の信頼性を確保し，事業運営の有効性と効率性を高め，事業経営に係る法令の遵守を促すという企業目的を達成するために，取締役会，経営者及びその他の企業構成員により，整備及び運用されているプロセス」[15]をいいます。簡単にいえば，企業内部における不正や違

法行為を抑止するしくみやしくみづくりのことです。

国内の上場企業を対象に内部統制報告制度が導入されたのは，2008年4月1日以後開始する事業年度からです。特徴は，画一的な規制によるものではなく，内部統制の有効性と効率性を最大限に享受するため，経営者に適切な対応を求めている点でしょう。内部統制の機能については「本来，内部統制は，企業経営者が自ら合理的な経営管理の観点から自主的に企業内部に設けるものであり，公的規制の入り込む余地のない企業の私的自治の問題である」とされています[16]。つまり，企業内部には，経営者それぞれの方針や考え方のもと本来培われるべき体制やしくみであるべきとしながらも，企業自らが内部管理体制の評価プロセスを通じて，財務報告の信頼性を担保する方向に進み，また監査人による有効性と効率性を備えた監査の実施に対する期待の高まりを背景に，内部統制報告制度が導入されたようです。

(3)－2　制度導入の実効性

企業情報の開示をめぐっては，企業の不適切事例が相次ぎ，内部統制の有効性に関する懸念が生じたことが情報開示充実の動きにつながっています。会社法では，取締役会が内部統制の体制を企業グループ内で整備することが規定されています（第三百六十二条4，六）[17]。金融商品取引法は財務報告に関する内部統制の有効性を経営者が自ら評価する「内部統制報告書」の提出を2008年4月1日以降開始する事業年度から，すべての上場企業に義務づけ，公認会計士・監査法人による監査の対象としています[18]。

これにより，上場企業には財務報告に係る内部統制の「評価」と「監査」が義務づけられ，「有価証券報告書」と合わせて「内部統制報告書」を提出することになりました。内部統制報告書には，①財務報告に係る内部統制の基本的枠組み，②内部統制の評価の範囲，基準日及び評価手続き，③内部統制の評価結果等の記載が必要であり，また「確認書」とよばれる，有価証券報告書等の記載内容が金融商品取引法令に基づき適正である旨を示す書類も新たに求められるようになりました[19]。

一方，監査人には上場企業が作成した内部統制報告書を内部統制の評価の基準に準拠して適正に表示しているかどうかについて監査し，意見を報告するため「内部統制監査報告書」の作成・提出が義務化されています。内部統制監査報告書には，①内部統制監査の対象，②内部統制監査の概要，③内部統制報告書に対する監査意見等の記載が必要です。なお，監査人は同報告書において，通常の監査意見と同様に「無限定適正意見」「不適正意見」「限定付適正意見」「意見不表明」のいずれかで意見表明することになっています[20]。

内部統制報告制度は，1992年9月に内部統制[21]の統合的フレームワークを提示し，世界各国の制度に影響を与えてきたとされるアメリカのCOSOの動向や考え方を参考に，関連制度との親和性，情報通信技術の発展等を踏まえ策定されました。COSO[22]は1980年代前半のアメリカにおいて相次ぎ発生した企業の経営破綻が大きな社会問題化したことへの対応として1985年に設置された民間組織であり，現在，アメリカ公認会計士協会（AICPA: The American Institute of CPAs），アメリカ会計学会（AAA: The American Accounting Association），財務担当経営者協会（FEI: Financial Executives International），管

図表13-3　内部統制報告書に記載された「開示すべき重要な不備」の主な原因

提出会社における開示すべき重要な不備の主な原因	件数	会社における開示すべき重要な不備の主な原因	件数
コンプライアンス意識の欠如	19件	コンプライアンス意識の欠如	8件
内部監査等のモニタリングの体制不備又は不十分な実施	15件	役員への権限集中等による牽制機能の無効化	5件
役員への権限集中等による牽制機能の無効化	15件	内部監査等のモニタリングの体制不備又は不十分な実施	3件
子会社等管理体制の不備	13件	その他上記以外の不備の原因	8件
その他上記以外の不備の原因	30件		

出典：金融庁・企業会計審議会第22回内部統制部会（2022）「事務局資料（内部統制報告制度について）」6ページ，https://www.fsa.go.jp/singi/singi_kigyou/siryou/naibu/20221013/1.pdf（閲覧日：2023年11月19日）。

理会計士協会（IMA: Institute of Management Accountants），内部監査人協会（IIA: The Institute of Internal Auditors）の協力によって運営されています。

しかし，その後も企業不祥事や粉飾決算が相次いで発生したことや，企業による記述の不備等が目立つ（**図表 13-3**）など，制度の実効性に懸念が生じるようになりました[23]。そして，財務報告や内部統制をめぐる国際的な制度設計の潮流を踏まえた議論・検討・見直しを経て，2023年に制度改訂に至っています[24]。

(4) 全社的リスクマネジメント（ERM）に関する情報開示

前章で述べたリスクマネジメントに関する企業や経営者の対応も，コーポレート・ガバナンスの重要な要素の一部です。株式会社は株式発行を認められた上場企業というだけあって，一般的に信用を得やすく，企業間の取引を行う相手として信頼性があると考えられます。それだけリスクによる影響や被害は広範囲に及ぶ可能性が高くなりますので，投資家や債権者を保護する観点で厳しい法規制が設けられています。

全社的リスクマネジメントにおいて，近年特に注目を集めているリスクとは，環境・社会・ガバナンス関連リスクであり，環境（Environment），社会（Social），ガバナンス（Governance）のそれぞれの頭文字をとってESG関連リスクとよばれています。**ESG関連リスク**とは，企業に影響を及ぼす可能性のある環境，社会，およびガバナンスに関連するリスクを意味しますが，特に普遍的な定義はないといわれています。もともと企業にとってのリスクといえば，財務諸表不正，リーダーシップの欠如，ビジネス上のモラル低下といったものが一般的であり，それらのリスクはガバナンスの機能において問題視されてきました。しかし，最近になってESG関連リスクへの関心が急速に高まっているのは，企業が経営活動を行ううえでESG関連リスクが増加し，またESG関連リスクに対する理解がより一般化し，広く社会に定着してきたことが背景にあります。

(5) ESG の定義と投資の動向

そこで，ESG の定義について COSO が整理している MSCI[25] とロベコ（ROBECO）[26] のうち，MSCI の定義を以下で示すことにします（**図表 13-4**）。投資家およびその他のステークホルダーが重要課題として掲げるものが含まれ，リスクにはプラスの影響（新製品の新興市場やコスト削減の取組などの機会）とマイナスの影響（収益目標の未達や評判の低下など）が想定されています。

図表 13-4　ESG の定義（MSCI）

ESG要素	定義
環境（E）	気候変動，天然資源，汚染と廃棄物，および環境面での機会
社会（S）	人的資本，製造物責任，ステークホルダーの反対，および社会的機会
ガバナンス（G）	コーポレート・ガバナンスと企業行動

出典：COSO（2018）エグゼクティブサマリー「全社的リスクマネジメントシステム～全社的リスクマネジメントの環境・社会・ガバナンス関連リスクへの適用」（10月）日本内部監査協会訳，1ページ（原資料：COSO (2018) *Enterprise risk management - Applying enterprise risk management environmental, social and governance-related risks*, October 2018, p.1, https://www.coso.org/_files/ugd/3059fc_671ed4466c0e423b93a9ef3d2e30b786.pdf）。
注：同資料（日本語訳）は日本内部監査協会Webサイト「ガバナンス資料集」（https://www.iiajapan.com/leg/data/Governance_TOP.html）より入手可能。
Source: MSCI (2018) *ESG ratings methodology: Executive summary*, https://www.msci.com/documents/10199/123a2b2b-1395-4aa2-a121-ea14de6d708a（いずれも閲覧日：2023年11月20日）。

図表 13-5　PRI の 6 原則

PRI	内容
原則1	ESG課題を投資分析と意思決定プロセスに組み込みます。
原則2	アクティブな資産運用保有者として，保有方針と実践にESG課題を組み込みます。
原則3	投資対象の事業体にESG課題の適切な開示を求めます。
原則4	投資運用業界が当原則を受け入れ，実行するよう働きかけます。
原則5	当原則を実践する効果を高めるために協働します。
原則6	当原則に関する自らの実施活動や進捗状況を報告します。

出典：PRI「責任投資原則」，https://www.unpri.org/pri/about-the-pri（閲覧日：2023年5月16日）をもとに筆者作成（日本語訳として，野村総合研究所「ESG（環境・社会・ガバナンス）とは」，https://www.nri.com/jp/knowledge/glossary/lst/alphabet/esg，および日本サステナブル投資フォーラム（2022）「PRIの分類・GSIAの分類／ESG投資の定義（白書2020に掲載）＃2」（4月6日），https://japansif.com/archives/1448（いずれも閲覧日：2023年11月26日）を参照）。

さらに，投資においてESGに配慮した企業に対して投資を行うべきとする考え方，「ESG投資」（ESG integrationないしESG incorporation）への広がりが進んでいます。ESG投資の始まりは，2006年当時の国連事務総長コフィー・A・アナン（Kofi A. Annan）が“投資家がとるべき行動”を促すため，「責任投資原則（Principles for Responsible Investment，略称：PRI）」を打ち出し，団体の設立につながったことがきっかけです。PRIは6原則で構成され（**図表13−5**），投資家向け世界共通のガイドラインとして，売上高や利益などの財務的な指標だけでなく，ESGと投資の関係性を理解し，財務的な指標には表れにくい問題への取組状況に対しても配慮すべきであるとしています。しかし，法的拘束力はないため，ESG投資はあくまでも投資家などの判断に委ねられています。

企業にとって経営に欠かせない資金をいかに安定的に調達するかはきわめて重要です。投資家のこのような動きをとらえて実行したESGに関連する取組や活動を情報として積極的に開示する動機になっています。なお，ESG投資という語句ですが，近い将来消えてしまうかもしれません。というのは，アメリカやイギリスの経営学研究の専門家らが相次いで述べるように，もはやESGは一般的であり，特別なものでなくなりつつあるからです[27]。いまはESG投資からさらに広い概念である「サステナブル投資」という表現へと移り変わる過渡期といえるでしょう。日本サステナブル投資フォーラムの「日本サステナブル投資白書2022」[28]によれば，調査の結果，日本の2022年サステナブル投資残高は約493兆6,000億円に達しています。

◀注・参考文献▶

1　国土交通省 物流・自動車局自動車整備課（2023）「ビッグモーターの34事業場に対する行政処分」（10月24日），https://www.mlit.go.jp/report/press/jidosha09_hh_000314.html，株式会社ビッグモーター（2023）「不適切な特定整備等に関する行政処分につきまして」（10月13日），https://www.bigmotor.co.jp/lib/news/news_list.php?id=701（いずれも閲覧日：2023年11月19日）。

2　金融庁（2023）「株式会社ビッグモーター，株式会社ビーエムホールディングス及び株式会社ビーエムハナテンに対する行政処分について」(11 月 24 日), https://www.fsa.go.jp/news/r5/hoken/20231124.html, 財務省関東財務局「株式会社ビッグモーター，株式会社ビーエムホールディングス及び株式会社ビーエムハナテンに対する行政処分について」(11 月 24 日), https://lfb.mof.go.jp/kantou/kinyuu/pagekt_cnt_20231120001.html（いずれも閲覧日：2023 年 11 月 24 日)。

3 一般社団法人日本損害保険協会（2023)「ビッグモーター社による不適切な保険金請求に関する会員会社のお知らせ」(12 月 1 日更新), https://www.sonpo.or.jp/news/big/（閲覧日：2023 年 11 月 19 日)。

4 株式会社ビッグモーターは 2023 年 11 月 17 日に再建に向け，伊藤忠商事株式会社などと基本合意を締結し，出資計画の検討を進めている。詳細は株式会社ビッグモーター（2023)「当社再建に向けた基本合意書の締結に関するお知らせ」(11 月 17 日), https://www.bigmotor.co.jp/lib/news/news_list.php?id=704（閲覧日：2023 年 11 月 19 日）を参照。

5 BBC (2018) *The corporate scandals that rocked Japan*, 20 November, 2018, https://www.bbc.com/news/business-46267868（閲覧日：2023 年 11 月 20 日).

6 KPMG FAS（2019)「日本企業の不正に関する実態調査」(3 月）7 ページ，https://assets.kpmg.com/content/dam/kpmg/jp/pdf/2020/jp-fraud-survey-6.pdf，および金融庁（2021)「第 25 回事務局参考資料（監査の信頼性の確保／内部統制・リスクマネジメントについて)」(3 月 9 日）20 ページ，https://www.fsa.go.jp/singi/follow-up/siryou/20210309/03.pdf（いずれも閲覧日：2023 年 11 月 21 日)。

7 Chandler, Jr., A. D. (1977) *The Visible Hand: The Managerial Revolution in American Business*, Cambridge, Harvard U.P., Chandler, Jr., A. D. (1962) *Strategy and Structure: Chapters in the History of the Industrial Enterprise*, Cambridge, MIT Press.

8 伊丹敬之，加護野忠男（2023)『ゼミナール経営学入門（新装版)』日本経済新聞出版，584 ページ。

9 King, M. with Atkins, J. (2016) *Chief Value Officer: Accountants Can Save the Planet*, Greenleaf Publishing Limited, forward（日本語訳：KPMG ジャパン統合報告センター・オブ・エクセレンス訳・編著，マーヴィン・キング著（2019)『SDGs・ESG を導く CVO』東洋経済新報社，前書きを参照).

10 金融庁（2015）コーポレートガバナンス・コードの策定に関する有識者会議「コーポレートガバナンス・コード原案～会社の持続的な成長と中長期的な企業価値の向上のために～の確定について」(3 月 5 日), https://www.fsa.go.jp/news/26/sonota/20150305-1.html，油布志行，浜田宰（金融庁）(2015)「『コーポレートガバナンス・コード原案』の概要及び同原案における開示関係の規律」『週刊経営財務』3212 号（5 月 18 日号), https://www.fsa.go.jp/frtc/kikou/20150518-1.pdf（いずれも閲覧日：2023 年 11 月 20 日)。

11 日本公認会計士協会「コーポレート・ガバナンス（企業統治）」，https://jicpa.or.jp/cpainfo/introduction/keyword/post-60.html（閲覧日：2023 年 11 月 20 日）。

12 金融庁（2021）「『コーポレートガバナンス・コードと投資家と企業の対話ガイドラインの改訂について』の公表について」（4 月 6 日），https://www.fsa.go.jp/news/r2/singi/20210406.html，東京証券取引所（2021）「改訂コーポレートガバナンス・コードの公表」，https://www.jpx.co.jp/news/1020/20210611-01.html（いずれも閲覧日：2023 年 11 月 20 日）。

13 金融庁（2023）「企業内容等の開示に関する内閣府令」等の改正（案）の公表について」（6 月 30 日），https://www.fsa.go.jp/news/r4/sonota/20230630-8/20230630-8.html，金融庁（2022）第 5 回金融審議会ディスクロージャーワーキング・グループ（令和 3 年度）「事務局説明資料（経営上の重要な契約）」（1 月 19 日），1-3 ページ，https://www.fsa.go.jp/singi/singi_kinyu/disclose_wg/siryou/20220119/01.pdf（いずれも閲覧日：2024 年 2 月 11 日）。本改正による重要な契約の内容については，PwC Viewpoint–Japan（2023）「『企業内容等の開示に関する内閣府令』等の改正案（『重要な契約』の開示）の公表（金融庁）」（7 月 5 日）が参考になる。

14 コベナンツ（Covenants）とは，社債発行や融資による資金調達の際，契約書に記載される債務者側の義務や制限などの特約条項のことをいい，資金供給者側に不利益が生じた場合は契約解除や条件変更ができるよう規定されている（野村証券 証券用語解説集「コベナンツ」https://www.nomura.co.jp/terms/japan/ko/A03269.html（閲覧日：2024 年 2 月 13 日）。

15 日本公認会計士協会「会計・監査用語かんたん解説集：内部統制」，https://jicpa.or.jp/cpainfo/introduction/keyword/（閲覧日：2023 年 11 月 19 日）を参照。

16 橋本尚（2021）『国際会計の軌跡—歴史的アプローチによる会計基準，会計教育，内部統制と ERM の国際的展開』同文舘出版，233 ページ。

17 会社法（第三百六十二条4，六）では，「取締役の職務の執行が法令及び定款に適合することを確保するための体制その他株式会社の業務並びに当該株式会社及びその子会社から成る企業集団の業務の適正を確保するために必要なものとして法務省令で定める体制の整備」と定められている。詳細は，e-GOV 法令検索「会社法」（平成十七年法律第八十六号）施行日：令和五年六月十四日（令和五年法律第五十三号による改正），https://elaws.e-gov.go.jp/document?lawid=417AC0000000086（閲覧日：2023 年 11 月 19 日）を参照。

18 金融庁（2007）「証券取引法等の一部を改正する法律の施行等に伴う関係内閣府令の新設及び改正の概要」（5 月 17 日）別紙 1，4-5 ページ，https://www.fsa.go.jp/news/18/syouken/20070517-1/01.pdf，および金融庁（2007）「新しい金融商品取引法制について－利用者保護と公正・透明な市場の構築に向けて」（9 月）12 ページ，https://www.fsa.go.jp/policy/kinyusyohin/pamphlet.pdf（いずれも閲覧日：2023 年 11 月 20 日）。

19 金融庁（2007）「財務報告に係る内部統制の強化」『金融商品取引法制の政令・内閣府令等の概要』（7 月 31 日）13 ページ，https://www.fsa.go.jp/news/19/syouken/20070731-7/34.pdf（閲覧日：2023 年 11 月 19 日）。

20 日本公認会計士協会「会計・監査用語かんたん解説集：内部統制，内部統制報告制度，内部統制監査報告書」，https://jicpa.or.jp/cpainfo/introduction/keyword/（閲覧日：2023 年 11 月 19 日）をそれぞれ参照。

21 内部統制に関する参考資料については，一般社団法人日本内部監査協会 Web サイト https://www.iiajapan.com/leg/data/Governance_TOP.html でも入手可能である。

22 COSO の資料は https://www.coso.org/guidance-erm にて入手可能である。また以下のアメリカ会計学会 Web サイトで公開されている COSO Chairman のポール・J.・ソベル（Paul J. Sobel）の資料（タイトル：Applying Enterprise Risk Management to Environmental, Social and Governance (ESG) Risks），https://aaahq.org/portals/0/documents/meetings/2021/ia%20cpe/sustainability%20cpe%20session%20july%2030%2021%20sobel%20slides.pdf（閲覧日：2023 年 11 月 22 日）が参考になる。

23 注 16 前掲書，243-244 ページ。

24 企業会計審議会・内部統制部会（2023）「財務報告に係る内部統制の評価及び監査の基準並びに財務報告に係る内部統制の評価及び監査に関する実施基準の改訂について（意見書）」（4 月 7 日）1 ページ，https://www.fsa.go.jp/news/r4/sonota/20230407/20230407.html（閲覧日：2023 年 11 月 20 日）。

25 MSCI (2018) *ESG ration methodology: Executive summary*, https://www.msci.com/documents/10199/123a2b2b-1395-4aa2-a121-ea14de6d708a（閲覧日：2023 年 11 月 20 日）.

26 ROBECO, *ESG definition*, https://www.robeco.com/en-me/glossary/sustainable-investing/esg-definition#（閲覧日：2023 年 11 月 20 日）.

27 Edmans, A. (2022) The end of ESG, *Financial Management*, (September), forthcoming, p.26 (paper: pp.1-31), https://papers.ssrn.com/sol3/papers.cfm?abstract_id=4221990（閲覧日：2023 年 11 月 28 日），Barker, R., and Eccles, R. G. (2018) *Should FASB and IASB Be Responsible for Setting Standards for Nonfinancial Information?* Green Paper（日本語訳として，林寿和（2023）「市場から見た IFRS サステナビリティ開示基準 – ESG 投資の枠を越えて」『企業会計』第 75 巻第 10 号，47 ページ（論文：45-63 ページ）を参考にしている）.

28 日本サステナブル投資フォーラム（2023）「日本サステナブル投資白書 2022」（4 月 3 日）（無料版）3 ページ，https://japansif.com/wp2022free-1.pdf（閲覧日：2023 年 11 月 15 日）。

第14章

サステナビリティ情報は進化する

1 社会の公器として ～社会的責任を果たす企業～

企業のあるべき姿とは，社会が求める仕事を担い，次の時代に相応しい社会そのものを創造することにあります。つまり，社会に貢献することによって企業は存在意義を果たします。このような点から，パナソニックグループの創業者である松下幸之助が「企業は社会の公器」という言葉を残しています[1]。経営活動を担っていくかたわら，企業を取り巻くさまざまな人々や社会全体とコミュニケーションをとりながら，課題解決に進んで取り組む存在といえるでしょう。

ビジネスを展開することによって，財・サービスを提供する企業は，社会の構成員として広く影響を及ぼす立場にあります。そのため，消費者，投資家，従業員などへの配慮から社会貢献に至る活動内容について適切な意思決定を行う責任があると考えられています。これを「企業の社会的責任」（Corporate Social Responsibility，略称：CSR）とよびます。企業が社会的責任を果たす方法や手段はさまざまですが，独自性をもちながら環境保護，地域社会への貢献や従業員の労働面での人権保護，労働環境整備，消費者への適切な対応などの幅広い活動が行われています。あらゆるモノが「つながる」時代において，広く社会の課題に向き合い，社会の人々に寄り添おうとする企業の姿勢や取り組みを行う企業が高く評価されるようになっています。

企業は「社会の公器」として存在し続ける

図表 14-1　CSR 企業ランキングの推移

	1位	2位	3位
第1回（2007年）	東芝	日立製作所	キヤノン
第2回（2008年）	デンソー	東芝	ソニーG、シャープ
第3回（2009年）	シャープ	トヨタ自動車	パナソニックHD
第4回（2010年）	パナソニックHD	トヨタ自動車	シャープ
第5回（2011年）	トヨタ自動車	ソニーG	パナソニックHD
第6回（2012年）	富士フイルムHD	トヨタ自動車	ソニーG
第7回（2013年）	トヨタ自動車	富士フイルムHD	NTTドコモ
第8回（2014年）	NTTドコモ	富士フイルムHD	日産自動車
第9回（2015年）	富士フイルムHD	NTTドコモ	デンソー
第10回（2016年）	富士フイルムHD	富士フイルムBI	コマツ、ブリヂストン
第11回（2017年）	富士フイルムHD	ブリヂストン	KDDI
第12回（2018年）	NTTドコモ	KDDI	ブリヂストン
第13回（2019年）	NTTドコモ	KDDI	花王
第14回（2020年）	KDDI	NTTドコモ	日本電信電話
第15回（2021年）	KDDI	日本電信電話	富士フイルムHD
第16回（2022年）	日本電信電話	NTTドコモ	KDDI
第17回（2023年）	富士フイルムHD	日本電信電話	中外製薬

（注）社名は最新。2008年、2016年は3位が2社
（出所）東洋経済新報社作成
TOYOKEIZAI ONLINE

出典：株式会社東洋経済新報社（2023）「信頼される「CSR企業ランキング」トップ500社」『週刊東洋経済』（3月6日号掲載），https://toyokeizai.net/articles/-/694767?page=3（閲覧日：2023年11月21日）。

東洋経済新報社が2007年から「CSR企業ランキング」を作成・発表しています（**図表14-1**）。総合ポイントのランキング上位3社の推移をみると，その多くがモノづくりをビジネスとして手がけるメーカーであることがわかります。また，最近CSR活動の一環として，広く社会の人々に企業活動をわかりやすく伝えようとする動きがみられます。幅広い世代の人々がみやすくなる想定で，Webデザインを工夫し，CSRをわかりやすく説明しているバンダイのような事例もあります[2]。CSRと企業名で一度検索をかけてみるとよいでしょう。

2 「サステナビリティ」はCSRをのみこむ

(1) 世界で深刻化する社会問題

1つの企業の倫理に基づいた振る舞いが，社会に新たな付加価値をもたらすことがあります。その反面，モラルの欠如した企業の行動が社会に深刻なダメージをもたらすこともあります。企業は利益獲得を成し遂げようとする

あまり，社会の人々に与える影響を度外視する企業や経営者が存在し，環境汚染や法令違反といったモラルに欠ける企業行動が歴史的に繰り返されてきました。

地球温暖化や貧困，格差といった社会問題は，世界中で深刻化しています。地球温暖化は企業の経営活動や個人の暮らしにおいて消費されるエネルギーの燃焼によって，二酸化炭素やメタンといった温室効果ガスが発生し，太陽からの放射熱を宇宙に逃すことができなくなるため，地球の気温上昇を招くことで起こります[3]。古くは19世紀の産業革命以降，石油や石炭といった化石燃料を燃焼させることによって，製品を製造するための設備や機械を稼働する，電車や自動車で移動するといった形で，企業活動や個人の生活基盤が成り立ってきました。その結果，温室効果ガスの排出量が年々増加し，地球温暖化という問題を引き起こしました。国内で排出される温室効果ガスのうち二酸化炭素が90パーセントに達しています[4]。

こうした企業の経営活動や個人の暮らしに起因する温室効果ガスの増加は，現在，地球の気温・海面上昇や自然環境，人体へさまざまな影響を及ぼし，その影響は看過できない規模になっています。一方で，貧困，格差の問題も深刻な事態を招いています。国連開発計画（United Nations Development Programme，略称：UNDP）は，生きていくうえで最低限必要な食料さえ確保できず，尊厳ある社会生活を営むことが困難な状態といわれる極度あるいは絶対的な貧困に苦しむ人々が，いまや世界で12億人（世界人口の約15パーセントに相当）に達していることを明らかにしています[5]。

(2) サステナビリティの由来（CSRとの比較において）

1987年の「環境と開発に関する世界委員会」において，持続可能な発展を意味する「Sustainable Development」（サステナブルな発展）という概念が用いられました。そこで打ち出されたのは「将来世代のニーズに応える能力を損ねることなく，現在世代のニーズを満たす発展」という考え方です。この「サステナブル」の名詞形が，**サステナビリティ**（sustainability）であり，持続可能性を意味します。

このような概念の出自から，サステナビリティはもともと環境問題において用いられる言葉でしたが，最近では企業の社会的責任，すなわちCSRを論じるうえで重要なキーワードとなりつつあります[6]。企業が経営活動を行ううえで，利益重視の考え方だけではなく，世界が直面する地球温暖化や資源枯渇といった社会問題に配慮しつつ，将来にわたって企業経営を持続させる責任をもつ必要があるからです。将来の持続的経営を目指すという意味を含むサステナビリティは，社会的責任を果たすための活動を想定するCSRよりも広い概念と考えるとよいでしょう（**図表 14-2**）。

企業経営の安定化は，投資家保護はもちろん，消費者に対する継続的な財・サービスの提供に加え，従業員の暮らしや生活を守り，地域や国家ひいては世界の人々にとっての豊かさや利便性を与え続けるためには不可欠な要素です。このような解釈から，最近サステナビリティを用いてCSR活動を広く情報発信する企業が増えているようです。例えば，皆さんがよく知っている企業でいうと，アパレル・ファッション企業のユニクロや大手ハンバーガーチェーンの日本マクドナルドなどが事例としてあげられます[7]。

図表 14-2 「サステナビリティ」のイメージ

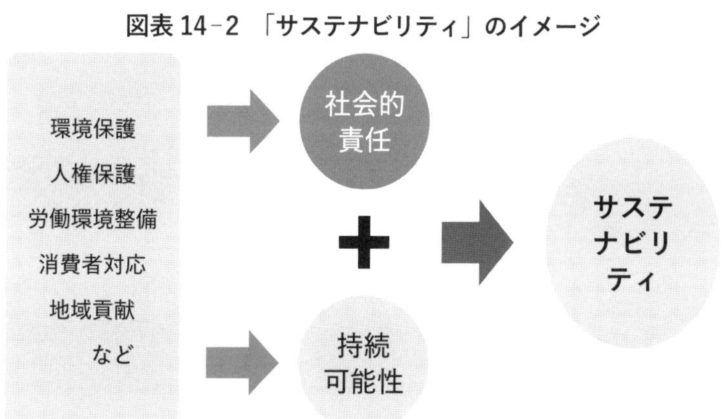

出典：筆者作成。

(3) SDGsとESG

社会に悪影響をもたらす企業や投資家を排除しようとする動きが，現在のSDGsやESGという考え方を生み出しました。皆さんも知っているとおり，SDGs（Sustainable Development Goals，呼称：エス・ディー・ジーズ）とは「持続可能な開発目標」を意味し，2015年9月に国連総会で採択された「持続可能な開発のための2030アジェンダ」の中で，持続可能な社会の実現に向けた世界各国が共に取り組むべき17の目標を指しています（**図表14-3**）。同年12月には2020年以降の気候変動に関する国際的な枠組みである「パリ協定」がとりまとめられ，先進国，途上国を含むすべての参加国が，温室効果ガスの排出量削減に向けて目標を定め取り組むことを定めています[8]。

一方で，第13章において，リスクに関連して取り上げていますが，ESGは環境（Environment），社会（Social），ガバナンス（Governance）のそれぞれ頭文字をとった用語であり，時系列でみるとSDGsの採択以前から存在して

図表14-3　SDGsの17目標

出典：国際連合広報センター（2018）「SDGsのロゴ」（1月1日），https://www.unic.or.jp/files/sdg_logo_ja_2.pdf（閲覧日：2023年11月20日）。

いるものです。したがって，SDGsはESGの要素と重なっている部分もあります。企業に対しては，地球環境の保全や社会的制度・秩序の維持・発展に貢献しつつ，企業自らが社会に認められ，長期的な繁栄を目指す取り組みが求められています。

(4) ESGはもともと投資における概念

もともとESGは「投資において考慮すべき概念」を指す用語です。企業に対する資金提供者である投資家，とりわけ世界経済に大きな影響力をもつ機関投資家や金融に関連する業界に対して，投資先を決定する際にESGの要素を取り入れるよう求める意味合いで使われ始めました。投資家は，投資先の企業がESGに配慮して世の中によいインパクトを与え，その結果として長期的なリターンを生み出すことを期待し，投資を実行するというものです。投資尺度である企業の財務情報（財務諸表で開示される情報，会計情報ともいわれます）に加えて，ESGに関連する情報を，非財務情報として企業の持続可能性を投資家が評価するうえで重要性が高まっています。翻っていうと，投資家が自己の利潤を意識するあまり，投資先の企業が社会に対して悪影響を及ぼす所作を見逃す，時には助長してしまうというケースが，世界各国の資本市場において確認されていたことがわかります。

また企業は本来営利を追求する組織であることは，すでに理解しているとおりです。しかし，利益至上主義を優先させるあまり，ステークホルダーをないがしろにする行為や社会を顧みない活動を行う企業は，最終的に市場の原理で淘汰されていきます。顧客も消費者も情報を活用し，スマートな購入や消費行動をとる時代であり，SNSを活用して企業のモラルが欠如した言動に関する書き込みを行うことも，簡単に実現できます。そのような書き込み情報はアクセスする利用者の追加的情報を加えながら，社会に広く伝播されます。情報拡散力は情報作成者の悪意や意図によっては脅威になりえますが，社会全体で投資家や企業のモラル意識のある活動へ導くための問題提起やきっかけを与えるという意味では，一定の役割を期待したいところです。

問われるモラル

3 サステナビリティ情報の開示ニーズ

(1) 多様化する情報開示資料

近年，国内・海外いずれにおいても，企業の経営活動の一環として，サステナビリティ，CSR，ESG，SDGs に関連する情報の開示が充実しつつあります。投資家の ESG 投資を意識し，また社会の人々に企業の社会的責任を果たす積極的な姿勢を伝えるためです。

企業が独自の判断で任意に行う情報開示の方法はさまざまですが，報告書を冊子体にする企業や，冊子体を作成せず Web サイト上で情報提供を行う企業もあります。企業の気候変動，人的資本などに対する環境配慮の取組や社会貢献等の活動を中心に，経営に関するさまざまな情報をまとめ，ステークホルダーや社会に伝えるために作成・開示する資料があります。例えば「環境報告書」「CSR 報告書」「サステナビリティ報告書」「統合報告書」[9]（列挙順に意味はありません）といったものは，ESG 情報を典型とする非財務情報（財務諸表を中心とする「財務情報」を除く情報，この考え方については後の節で取り上げています）をいかに位置づけるかによって，企業がタイトルを付しているものです。従前から存在する企業業績を報告するために作成される投資家向け「アニュアルレポート」[10]においても ESG に関連する情報を盛り込む例もあります。

このように名称が多様化するのは，企業任意の情報開示資料であり，非財務情報（ESG 関連情報を含む）自体，特に厳密な定義やまとめ方が必ずしも明確にされていないという理由があります[11]。少しずつ意味合いの異なるタイトルが付された資料名ですので，企業はそれぞれ活動や内容に合わせて使っていますが，これだけ多様化してくると，情報利用者にとっては少しわかりづらくなってしまうかもしれません。それぞれの資料名の由来や背景を一度調べて比較してみるとよいでしょう。

(2) サステナビリティ情報のニーズ

Web サイト上に「サステナビリティ」のページを設け「サステナビリティ報告書」と題する資料を公表する企業がみられます。例えば，日清食品ホールディングスは2004年当初は「Green Plan」という冊子体で情報開示を始めていましたが，2010 年から「CSR 報告書」，2018 年以降は「サステナビリティ報告書」と名称を変更しています[12]。このような名称の変遷自体が「サステナビリティ」を重視する現代の動きを象徴する一例といえるでしょう。

KPMG ジャパンの2020年調査では，株式市場において発行されている「日経 225」の構成銘柄となっている企業 225 社のうち 99%に相当する 223 社が何らかのサステナビリティ情報を自発的に開示していると回答しています。この点からも国内上場企業のサステナビリティ情報に対する重要性の高まりを読み取ることができます[13]。

一方，従前から「アニュアルレポート」という名称を用いた報告書を作成し，投資家や広く社会に向けた情報開示を積極的に行う企業が現存しますが，パナソニックグループのように最近「アニュアルレポート」を「統合報告書」と名称変更する動き[14]がみられるなど，日本における統合報告書の発行事例は着実に増え続けていることが調査から明らかになっています[15]。

(3)「非財務情報」としてのサステナビリティ情報

財務諸表は決算時のタイミングで企業の経営成績や財政状態を貨幣単位で

測定・評価した情報がまとまったものであり，いわゆる財務情報（会計情報ともいいます）です。それに対して，サステナビリティ情報は非財務情報であり，財務諸表に集計される情報ではありません。財務情報と非財務情報はそもそも情報の性質や取扱が異なっています（**図表14－4**）。皆さんが理解しているとおり，財務情報の主要媒体である財務諸表の作成にあたっては従前「一般に公正妥当と認められた会計基準」とよばれる法令に準拠した会計基準を用いることが義務づけられています。これは，会社法および金融商品取引法などといった関連する法制度に則った**強制開示**（mandatory disclosure）といえます。

一方，サステナビリティ情報に代表される非財務情報は，これまでどちらかというと，法的な枠組みによる強制開示ではなく，投資家あるいは広く社会に対する企業の創意工夫による自発的な開示として行われてきた経緯があります。いわゆる**自発的開示**あるいは**任意開示**（voluntary disclosure）です。先の節で企業のサステナビリティ報告書を複数紹介しましたが，各報告書にはまとめ方からデザインといったものも含め，企業の独自性や創造性が顕著に表れてきます。

(4) サステナビリティ情報開示の新制度

そのような中，サステナビリティ情報に対するニーズの高まりや国際的動向を背景に，サステナビリティ情報をある一定の尺度を用いて開示することで，投資家と企業の建設的な対話につながる開示の充実をはかる法的枠組みが国内でも求められるようになりました。法制化の動きは，金融庁の諮問機関である金融審議会ディスクロージャーワーキング・グループが2022年6月に公表した「金融審議会ディスクロージャーワーキング・グループ報告」の提言を受けたものです。

2023年1月31日に「企業内容等の開示に関する内閣府令」等の改正が行われ，有価証券報告書等において「サステナビリティに関する考え方及び取組」の記載欄が新設され，既存の「従業員の状況」の記載欄には女性活躍推

図表 14-4　有価証券報告書で示されるサステナビリティ情報

（1）新たに設定された項目

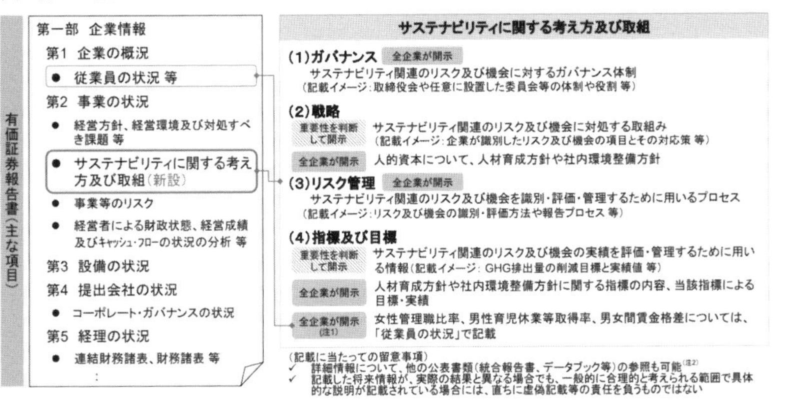

（2）従業員の多様性に関する項目（記載イメージ）[17]

従業員の状況

	提出会社及び連結子会社	管理職に占める女性労働者の割合	男性の育児休業等取得率（※2）	男女の賃金の格差			任意の追加的な記載欄（※3）
				全労働者	うち正規雇用労働者	うちパート・有期労働者	
指標を公表した連結子会社（※1）	提出会社	xx.x%	xx.x%	xx.x%	xx.x%	xx.x%	…………
	連結子会社A	xx.x%	xx.x%	xx.x%	xx.x%	xx.x%	…………
	⋮						

		管理職に占める女性労働者の割合	男性の育児休業等取得率（※2）	男女の賃金の格差			任意の追加的な記載欄（※3）
				全労働者	うち正規雇用労働者	うちパート・有期労働者	
任意	連結グループ	xx.x%	xx.x%	xx.x%	xx.x%	xx.x%	（※4）…… …………

出典：金融庁（2023）「企業内容等の開示に関する内閣府令等改正の解説～サステナビリティ開示の導入等～」（3月）日本公認会計士協会主催JICPAオンラインフォーラム講演資料，8-9ページ，https://www.fsa.go.jp/policy/kaiji/sustainability02.pdf（閲覧日：2023年11月22日）。

進法に基づく女性管理職比率，男性の育児休業取得率，男女間賃金格差といった多様性の指標に関する情報の新たな開示を上場企業に求めることになりました[16]（**図表 14-4**）。これにより，財務情報とサステナビリティ情報が重なった部分について，有価証券報告書における開示の拡充がはかられています（**図表 14-5**）。

図表 14-5　財務情報とサステナビリティ情報の開示イメージ（有価証券報告書）

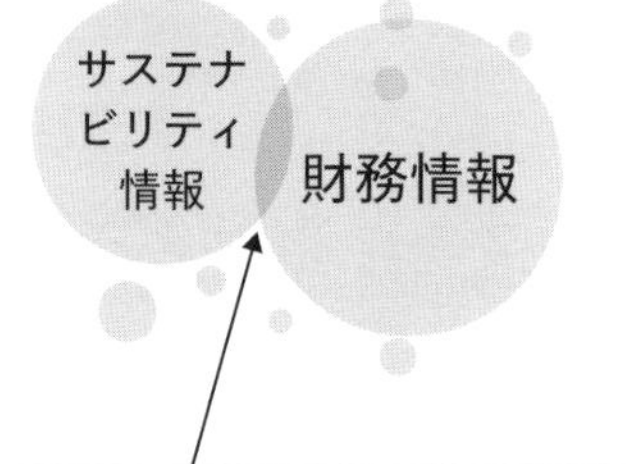

4 国内外の開示をめぐる動向

(1) 開示範囲やフレームのちがい

サステナビリティ情報を開示するにあたっては，複数の団体が開示範囲やフレームを提供しています。しかし，それぞれの考え方にはちがいがあるため，情報作成者である企業や主な情報利用者である投資家からサステナビリティ情報の取扱において負担を増やす状況となったようです。企業の自発的な取組を通じて開示されていたサステナビリティ情報ですが，開示が進むにつれ，情報の一貫性が必ずしも担保されず，比較しにくい情報になっていることが問題視され始めました[18]。

そこで，5つの団体（Group of 5）[19]が検討を重ね，サステナビリティ情報の開示範囲が整理され，各団体が考える開示範囲のちがいによる関係を示しました（**図表 14-6**）。開示範囲のちがいによる関係では，サステナビリティに関するトピックは動きうるもの（少しずつ，もしくは，急速に）と考える「ダイナミック・マテリアリティ」（Dynamic Materiality）という語句を用いて説明しています。

その後，IFRS 財団が開示基準を公表する動きがあるなど，サステナビリ

図表 14-6　開示コンテンツの範囲（ダイナミック・マテリアリティ）

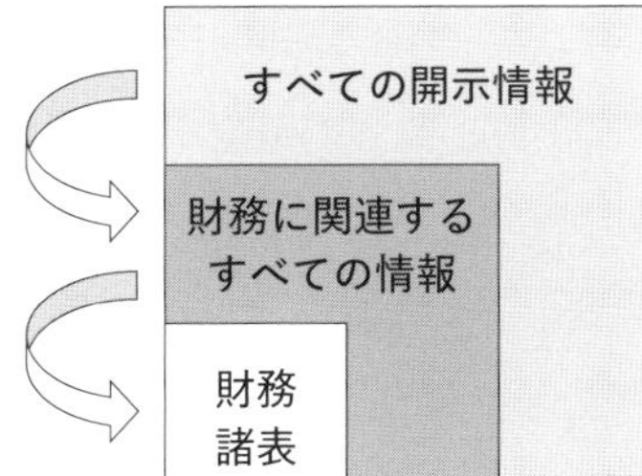

出典：CDP, CDSB, GRI, IIRC, and SASB (2020) *Statement of Intent to Work Together Towards Comprehensive Corporate Reporting, Summary of Alignment Discussions among Leading Sustainability and Integrated Reporting Organisations CDP, CDSB, GRI, IIRC and SASB*, September, p.5, および坂上学（2023）「サステナビリティ情報開示の歩み」北川哲雄編著『サステナビリティ情報開示ハンドブック』日本経済新聞出版社，第2章，11ページをそれぞれ参考に筆者作成。

ティ情報開示をめぐる検討・整備が各国で進んでいます（この点は後に説明します）。投資家の投資意思決定を支援するためには，情報の比較可能性が担保される必要があり，グローバルで通用する統一したサステナビリティ情報開示に対する情報利用者のニーズが生まれるという背景からです。

(2) 開示基準をめぐる統一化の動き

世界で統一した会計基準であるIFRSの設定を担う組織であるIFRS財団（IFRS Foundation）は2021年11月3日に国際サステナビリティ基準審議会（International Sustainability Standard Board，呼称：ISSB）」を設置し，サステナビリティ情報の開示を行う尺度となる基準を設定するため検討を始めました。特に，経営者が気候変動による影響をどのように評価し，経営戦略に反映しているかに関しての情報を求める投資家の声が高まったといわれています。

ISSBは議論・検討のプロセスを経て，2023年6月26日に2つのサステナビリティ情報の開示基準を公表しています[20]。それらが，IFRS S1「サステナビリティ関連財務情報の開示に関する全般的要求事項」（IFRS S1: General Requirements for Disclosure of Sustainability-related Financial Information）[21]，

IFRS S2「気候関連開示」（IFRS S2: Climate-related Disclosures）[22] です。前者のIFRS S1は開示の基本的事項（全般的な特徴）と範囲といったテンプレートとなる共通部分で構成されており，後者のIFRS S2は気候関連に関する開示の目的や範囲，ガバナンス，戦略，リスク管理，指標および目標に関する内容で構成されています。

国内では，会計基準開発等を行うFASFにサステナビリティ基準委員会（Sustainability Standards Board of Japan，略称：SSBJ）が2022年7月に設置されています[23]。SSBJは，国際的なサステナビリティ開示基準の開発に対して，日本からの意見発信等を通じて貢献する，国内のサステナビリティ開示基準の開発を担う，という主に2つの目的を有する民間組織です。現在，IFRS財団の基準公表を受け，SSBJは国内上場企業に適用するための日本版「サステナビリティ開示基準」の開発を進めており，2024年度中に公表する見通しとなっています[24]。

(3) 企業の情報開示が有するインパクト～進化し続ける情報～

IFRS財団とFASFの組織体制を示したものが**図表14-7**です。着目すべきは，IFRS財団とFASFはそれぞれ国際，国内の代表組織として，会計情報（財務情報）の「開示基準」としての会計基準と，サステナビリティ情報の「開示基準」の双方を担う立場であるという点です。つまり，両組織は，上場企業が開示する財務情報とサステナビリティ情報の開示についての制度的枠組みを提供しているのです。

ここでわかることは，企業が開示する情報が，財務情報であれ，サステナビリティ情報（非財務情報）であれ，いかに重要であるかを私たちに示しています。企業の経営に関わるさまざまな「情報」（財務・非財務を含む）のニーズには国境の垣根はなく，またそれらの情報をどのように取り扱い，報告するかについて，一定の考え方をもたせようとするこれらの開示基準をめぐる一連の動きは，発展途上の段階です。

財務情報とは異なり，サステナビリティ情報は近年急速にニーズが高まっ

図表14-7　国内外の基準設定主体（IFRS財団とFASF）

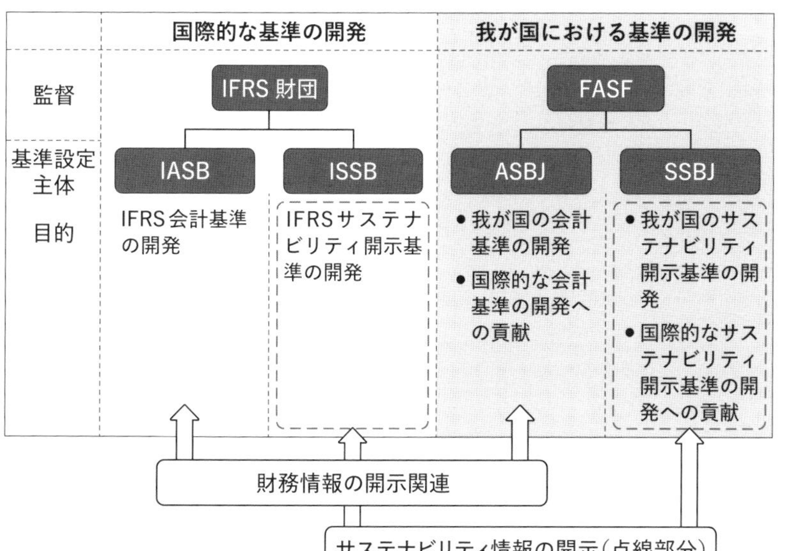

出典：桐原和香，朝田正剛（2022）「◇イベント報告◇サステナビリティ基準委員会（SSBJ）設立記念式典の概要」（7月26日）2ページ，https://www.asb.or.jp/jp/wp-content/uploads/ssbj_20220701-05.pdf（閲覧日：2023年11月22日）をもとに筆者加筆。

たことで，基準開発が進み始めたものの，各国が開示の制度的基盤の整備に着手し始めたところです。社会的公器としての「企業」の情報だからこそ，時代に応じて進化し続けます。そして，未来を変えるほどのインパクトや波及効果を有することを想像してみてください。

◀注・参考文献▶

1 パナソニックホールディングス株式会社「パナソニックグループの経営基本方針 1. 企業の使命」, https://holdings.panasonic/jp/corporate/about/philosophy/1.html, PHP総研「【研究報告】企業は社会の公器—これからの社会をつくる企業経営とは」, https://thinktank.php.co.jp/policy/4976/（いずれも閲覧日：2023年11月19日）。

2 株式会社バンダイ「CSRって何のこと？」, https://www.bandai.co.jp/csrkids/whatscsr/（閲覧日：2022年7月11日）があげられる。

3 環境省（2013）「こども環境白書2013」6ページ, https://www.env.go.jp/policy/hakusyo/kodomo/h24/files/06-07p.pdf（閲覧日：2023年11月22日）。

4 環境省（2019）「こども環境白書2019」5ページ, https://www.env.go.jp/policy/hakusyo/kodomo/h30/files/04-05.pdf（閲覧日：2024年2月29日）。

5 UNDP「貧困とは」（原典：*The United Nations Has Picked a Group of People to Eliminate World Poverty. You're One of Them*）, http://www.undp.or.jp/arborescence/index2.html（閲覧日：2023年11月21日）を参考にしている。なお, UNDPは国連システムのグローバルな開発ネットワークとして, 変革への啓蒙や啓発を行う団体であり, 途上国が援助を有効利用できるよう支援し, 人権擁護と女性の地位・能力向上を意識した活動を行っている。詳細は, UNDP「国連開発計画の主な活動」, http://www.undp.or.jp/arborescence/index2.html を参照。

6 SMBC日興証券株式会社「サステナビリティ」, https://www.smbcnikko.co.jp/terms/japan/sa/J0615.html（閲覧日：2022年7月11日）。

7 株式会社ユニクロ「UNIQLO sustainability / The power of clothing」, https://www.uniqlo.com/jp/ja/contents/sustainability/, 日本マクドナルド株式会社「サステナビリティ」, https://www.mcdonalds.co.jp/sustainability/（いずれも閲覧日：2023年11月23日）。

8 パリ協定については, 経済産業省・資源エネルギー庁（2017）「今さら聞けない『パリ協定』～何が決まったのか？私たちは何をすべきか？～」(8月17日), https://www.enecho.meti.go.jp/about/special/tokushu/ondankashoene/pariskyotei.html（閲覧日：2023年11月22日）を参考にした。

9 統合報告書（integrated repot）は「外部環境が変化する中で企業が自社の資源を用いて中長期にわたりどのように価値を生み出すかについて示した報告書」である（奈良沙織（2023）「統合報告書の進化と課題」北川哲雄編著『サステナビリティ情報開示ハンドブック』日本経済新聞出版社, 第3章, 53ページ）。なお, 統合報告のルール策定等に取り組む国際的な組織である国際統合報告評議会（International Integrated Reporting Council, 略称：IIRC）は統合報告書を「組織の外部環境を背景として, 組織の戦略, ガバナンス, 実績および見通しが, どのように短・中・長期の価値の創造, 保全または毀損につながるのかについての簡潔なコミュニケーションである」と定義している。

10 アニュアルリポートまたはアニュアルレポート（annual report）は年次事業報告書を指し，上場企業が主に投資家向けに財務情報や経営戦略などを盛り込み事業年度終了後に作成する報告書をいう（大和証券株式会社「金融・証券用語解説［アニュアルリポート］」，https://www.daiwa.jp/glossary/YST0031.html（閲覧日：2023年11月23日））。

11 古庄修（2012）『統合財務報告制度の形成』中央経済社，216ページ。

12 日清食品ホールディングス株式会社「サステナビリティ」，https://www.nissin.com/jp/sustainability/，https://www.nissin.com/jp/sustainability/report/pdf/sustainability_report2020.pdf（閲覧日：2022年6月18日）。

13 KPMGジャパン（2021）「日本におけるサステナビリティ報告2020」（6月17日），2ページ，https://assets.kpmg/content/dam/kpmg/jp/pdf/2021/jp-sustainability-report-survey-2020.pdf（閲覧日：2022年6月18日）。

14 パナソニックホールディングス株式会社（2023）「パナソニックグループ『統合報告書2023』を公開」（9月26日），https://news.panasonic.com/jp/topics/205349（閲覧日：2023年11月22日）。

15 同調査の結果については，宝印刷D&IR総合研究所（2023）「統合報告書発行状況調査2022最終報告」（2月22日），https://www.dirri.co.jp/res/report/uploads/2023/02/5c703266ae69cf2f927055dd64a9931e51a00f64.pdf（閲覧日：2023年11月22日）を参照。

16 金融庁（2023）「サステナビリティ情報の開示に関する特集ページ」，https://www.fsa.go.jp/policy/kaiji/sustainability-kaiji.html（閲覧日：2023年11月22日）。

17 金融庁（2023）は，**図表14-4（2）**※1について「従業員の状況」に記載しきれない場合は，主要な連結子会社のみを「従業員の状況」に記載し，それ以外を有価証券報告書の「その他の参考情報」に記載することも可能であるとしている。

18 小西健太郎，桐原和香（2023）「SSBJ解説IFRS S1・S2号の全体像」『企業会計』第75巻第10号（10月），16-31ページ。

19 5つの団体とは，イギリスの慈善団体が管理する非営利組織であるカーボン・ディスクロージャー・プロジェクト（CDP），気候変動開示基準審議会（Climate Disclosure Standards Board，略称：CDSB），グローバル・レポーティング・イニシアティブ（Global Reporting Initiative，略称：GRI），国際統合報告評議会（International Integrated Reporting Council，略称：IIRC），アメリカのサステナビリティ会計基準審議会（Sustainability Accounting Standards Board，略称：SASB）をそれぞれ指す。

20 ISSB (2023) *ISSB issues inaugural global sustainability disclosure standards*, June 26, https://www.ifrs.org/news-and-events/news/2023/06/issb-issues-ifrs-s1-ifrs-s2/（閲覧日：2023年11月22日）.

21 ISSB (2023) *IFRS S1 general requirements for disclosure of sustainability-related financial information*, June 23, https://www.ifrs.org/issued-standards/ifrs-sustainabi

lity-standards-navigator/ifrs-s1-general-requirements/（閲覧日：2023年11月22日）.

22 ISSB (2023) IFRS S2 climate-related disclosures, June 23, https://www.ifrs.org/issued-standards/ifrs-sustainability-standards-navigator/ifrs-s2-climate-related-disclosures/（閲覧日：2023年11月22日）.

23 川西安喜（2022）「サステナビリティ基準委員会の概要」（7月1日）10ページ，https://www.asb.or.jp/jp/wp-content/uploads/ssbj_20220701-01.pdf（閲覧日：2022年12月7日）。

24 SSBJ（2023）「現在開発中のサステナビリティ開示基準に関する今後の計画」（8月3日）1-4ページ，https://www.asb.or.jp/jp/wp-content/uploads/2023_0803_ssbj.pdf（閲覧日：2023年11月22日）。

第15章

情報がもたらす
新たな価値創造と未来

1 情報の開示ニーズと貢献

近年，情報がもたらすビジネスへの貢献はめざましいものがあります。企業と消費者間あるいは企業間の商取引はデジタル化が進み，情報ネットワークシステムを用いて財・サービスはやりとりされています。取引に欠かせない貨幣はこれまでの概念を覆す仮想通貨という新たな貨幣を生み出しました。SNSによる情報拡散を利用した企業の消費者向け広報やマーケティング戦略の新たな手法が確立されつつあります。

企業の経営活動を支えるための情報は多岐にわたり，あらゆる業種，業態において活用されています。情報は経営資源の一要素として位置づけられてきましたが，いまや情報は現代の企業にとって，ヒト，モノ，カネをつなぐという意味で，最重要な資源になりつつあります。情報を資源として有効に活用することや，資金を効果的かつ効率的に調達する重要性はさらに増しています。

情報の多様性は，資金を出資する投資家だけでなく，債権者，消費者といった企業を取り巻くステークホルダーにとっても将来の意思決定をより難しくしています。企業は社会的公器としての責任を有する存在であり，自らが積極的に社会問題に対して取り組む姿勢を示すことが求められています。これまでと同様，財務諸表を通じて獲得した利益金額や財産の在り高といった財務情報を投資家向けに開示するのは当然ですが，さらにサステナビリティ情報という経営上のリスクや機会に対する経営者の姿勢や方針を含め，広く開示していく責任があります。

つまり，情報の多様性が生み出したのは，新たな制度設計に対するニーズといえます。企業がリスクを的確にマネジメントし，不正や犯罪が生じない組織体制を確立していくための法整備は，ステークホルダーの意思決定を支援するためにはなくてはならないものだからです。サステナビリティ情報の取り扱いについては，制度整備が始まったばかりで，むしろ今後進んでいくことが期待されています。

このような時代の流れは，情報開示に対する企業姿勢により積極性を求めています。情報開示に積極的な企業がステークホルダーあるいは社会全体から高い評価を受け，将来にわたって成長し続けることができるでしょう。機密情報は別として，企業の経営にまつわる情報を適したタイミングでわかりやすく外部の人々に向け説明する責任を果たすことが，企業の持続的経営や存続にはもはや欠かせない要素となっています。

2 情報の取り扱い

(1) 何よりも「目的」が最重要

さて，情報の取り扱いで最も重要なことは，何のためにという「目的」を想定しておくことです。情報を利用する側，作成する側いずれにも共通する部分であり，技術があるから情報を何かに使うかという「技術」前提で情報の取り扱いを考えるのは適切ではありません。どのような目的に向け技術を使うべきかという目的志向型の考え方は，そもそも情報通信技術が今のように発展し，広く一般化する以前から，情報通信技術の関連業界では基本的姿勢です。

情報利用者が情報を収集し，分析を行う際，まずは何のために情報を収集するのか，すなわち情報の利用目的をよく吟味しておく必要があります。目的をしっかり考えているといないのとでは，目的を実現する確率を左右するでしょう。一方，情報作成者（発信者）が情報を作成・発信する際においても，何のためにその情報を作成するのかという情報の作成目的を適切に理解しておくことが必要です。

情報を取り扱うスタートラインで目的の検討をきちんと行い，それによる効果や影響をあらかじめ想定しておきます。情報の取り扱いに関連する法令や制度をきちんと確認しておく動作も含まれます。技術を持ち出す前に目的を設定することが，情報のもたらす効果を導き出す近道となるでしょう。忘れてはならないのは，情報は本来何かに役立つものでなければならず，技術は情報を役立てる手段でしかないのです。ここでいう何かが，今まで述べてきた，ビジネス，企業，そして社会で生じるさまざまな課題を解決するという「目的」なのです。

(2) 技術を優先させる恐ろしさ

ある一定の専門的な情報技術を身につけると，何かに使ってみたいという欲求にかられる人々や組織が出てきます。しかし，情報の取り扱いにおいては慎重に行われるべきでしょう。技術ありきで何かに使ってみようという考え方は，情報の本来の機能を無視し，目的を軽んじています。技術が使えれば目的は何でもいいという感覚で情報を取り扱うとどうなるでしょうか。目的を見失った情報は暴走し，個人や組織はおろか社会全体に悪影響や甚大な被害・損害をもたらす恐ろしさが潜んでいます。

情報を取り扱う目的は自らの欲求を充たすためのものであってはなりません。本来，情報の目的はあくまでも法令を遵守しつつ，ビジネスの発展や社会システムの改善により人々に豊かさを享受するためです。技術を適切な目的に利用するのではなく悪用した例が，犯罪や不正の行為です。目的をないがしろにし，技術を誤った形で使っている訳です。

皆さんは情報利用者，情報作成者いずれにもなりえます。現代社会に膨大な量の情報があふれ，また情報の取り扱いに必要な技術をある程度身につけた人々，組織が今後も増えていく時代だからこそ，情報を適切に取り扱うため，自身の軽率な行為によって犯罪行為の加害者にならないため，情報の利用・作成にあたっては「目的」をじゅうぶん吟味したうえで行動に移るモラルをもってください。

(3) 情報のエキスパートとして

情報のエキスパートとして将来活躍をしていく皆さんなら，情報の潜在的価値が生み出すさまざまな分野や環境における革新をある意味期待していることでしょう。本テキストでは，情報を軸とするビジネスの進化や貢献，ビジネスを担う企業の本質や経営活動における情報の種類や開示といった内容を取り上げてきました。そのような基本的な知識の学びは，「目的」を最優先にして情報を取り扱うために身につけておくべきものだと，本テキストを通じて皆さんは理解してくださったと思います。

情報をめぐる動きが活発化することで，私たちの暮らしや生活が豊かになるならば，誰しもが歓迎するでしょう。これは，情報のもつプラスの特性として強みや機会が機能する場合です。しかし，すべてのことには限界があるように，情報にもプラスの面だけではなく，マイナスの面，すなわちリスクや脅威もあります。利用者の１人として，情報の両面の特性を正しく理解しておくことが大切です。

情報がありとあらゆるモノにつながる時代にあって，ますます情報の価値は高まっていくことが予想されます。皆さんの個々の備えとして，情報は技術だけでなく，情報が進化を与えるビジネスやビジネスを担う企業，企業が行う経営活動といった分野に関する基礎的な知識が求められるでしょう。

その理由はシンプルです。皆さん一人ひとりが社会の一構成員として生きていくうえで欠かせない収入を得るためには，仕事に従事する必要があるからです。従業員として企業に所属し，働くことはもちろん，人によっては経営者として企業経営の舵とりを行う，投資家として企業に資金を提供することもあるでしょう。また消費者としてビジネスや企業に関わるといった場面は日常的に生じるからです。

データサイエンスやデータエンジニアリングは，データの処理や運用，社会実装するための技術ですが，これらをビジネスや企業の経営において活用していくには，ドメイン知識となる「知のエンジン」，すなわちビジネスや企業に関わる専門知識が必要です。高度な情報技術とビジネスや企業経営に関する知識（ビジネスリテラシー）を同時に実装する人材は，どのような分野や場面で役に立つのかをイメージし，目的に応じて技術を的確に駆使することが可能であり，自らの有する高度な情報技術や社会実装能力によって効果を発揮できるのです。

3 AIと知のエンジン

今後の社会において，これまで以上に「情報」がさまざまな分野や場面で広く活用されていくことが予想されます。なぜなら，情報のもつ潜在的価値は壮大なスケールといわれ，デジタル技術の要素が加わることで，さらなるビジネスへの応用が期待されるからです。

すでにAI技術の実用化や社会実験が始まっています。例えば，自動運転，自動翻訳，医療画像診断，電話自動応答システムなどがあげられます。AIはコンピューターの性能が大きく向上し，機械であるコンピューターが自ら学ぶことができるようになるという機械学習を意味します[1]。AI技術の活用によって，人間の能力はさらに高まり，科学のあり方を根本から覆すさまざまな新発見や革命を起こす可能性があるといわれています。

中でも生成AIはテキストや画像，コード，その他メディアを生成するAIを指し，生産性の向上とイノベーションの加速に大きな機会をもたらすとして注目されています。生成AIのはじまりは2022年11月30日にアメリカの研究所であるOpenAI社が公開した対話型のAIチャットボット「ChatGPT」（チャット・ジーピィーティー）がきっかけです[2]。公開2ヶ月で世界のユーザー数が1億人に達し，急成長を続けています。野村総合研究所の調査によれば，日本の利用状況はアメリカ，インドに次いで3位となり，人口規模でみれば利用度合いが高いことがわかります[3]。

しかし，出現した当初は世界で一大ブームを巻き起こした生成AIですが，次第にマイナス面が浮上してきました。情報倫理，実装コスト，運用変更，セキュリティ，悪用といった課題が明らかになってきています[4]。生成AIはさらなる技術向上やマイナス面への対応策が適切に講じられ，利用価値や利用機会が増すでしょうが，あくまでもAIを適切に動かすのは知のエンジンである人間の知識や知能であることを忘れてはなりません。

4 情報の潜在可能性

(1) データサイエンスの可能性

近年，データサイエンスという学問・研究分野が広く知られるようになりましたが，どちらかというと歴史の浅い分野といえます。もともとは統計分析とデータ・マイニングの分野から発展したといわれ，今では膨大なデータを収集・分析し，科学や社会，ビジネスにおいて新たな有益な知見や価値を得るための学問・研究分野に成長しています。データサイエンティストとよばれる職務が一般化したのは 2008 年ごろからです[5]。

データは，文字や数値，符号などのまとまりを意味し，「物事を判断または推論するために，その基礎または参考となる事実が記号化・数字化したもの」であり，コンピューターで処理できる状態になったものを一般的に指すようです[6]。そのデータに秩序と目的をもたせ，適切（法令に則って）に，適時（格好のタイミングで）に，そして効果的（目的の実現に向け）に科学的手法を用いた情報を取り扱うことになります。

だとすれば，データサイエンスには，データを含む情報を取り扱うだけの高度な技術に加え，多岐多様にわたる専門知識，能力，すなわち高度な情報リテラシーが求められることになります。データの分析や開発にとどまらず，多様なプログラミング言語を用いたデータのモデル構築，アプリケーションへの応用など幅広い職務を担い，課題解決のため情報技術を目的に応じて社会実装するデータサイエンティストは，まさに高度なリテラシーを兼ね備えた専門家として注目されています。

(2) 新たな価値創造に向けて

結論として，情報利用者，情報作成者（発信者）双方にとってもわかりやく共有しやすい情報の記載や開示内容が，現代においてはより一層求められます。企業は情報開示によってステークホルダーに対する情報発信を行い，説明責任を果たさなければなりません。その情報開示に対する取り組みや活動が，企業を次なる利益獲得や資金調達へ導いてくれます。投資家の投資意欲を引き出し，消費者の購買意欲を刺激するきっかけを与えます。

将来的に，企業が社会的責任を果たす公器としての存在であり続けるためには，これまで以上に高次元（高いモラルと高い発信力）で情報を活用する姿勢や振る舞いが求められます。組織体制を強化し，リスクをマネジメントしながら，倫理的かつ持続的な経営を実現するという使命を企業は負っています。私たち個人も，情報がもたらす豊かさを今後も享受できるよう，高次元（高いモラルと高い活用力）で情報に関わる知識の備えや倫理的行動を一段と求められるでしょう。情報を取り扱うための技術，幅広い専門知識を備え，倫理的かつ信頼性を有する情報の活用を通じて，安全・安心な社会の実現に一役を担うことが期待されています。

誰かのために，何かのために役に立つからこその「情報」です。その意義はあらゆる分野や場面においてもますます高まっていくでしょう。課題解決をはかり，新たな価値創造を実現する情報と関連する技術は，ビジネス，企業，そして社会システムの専門知識が有機的に組み合わさることで，大きなインパクトと効果をもたらすでしょう。

完

◀注・参考文献▶

1 文部科学省「AIってなに？」，https://www.mext.go.jp/kids/find/kagaku/mext_0008.html（閲覧日：2023 年 11 月 23 日）。

2 Open AI (2022) *Introducing ChatGPT*, November 30, 2022, https://openai.com/blog/chatgpt（閲覧日：2022 年 12 月 3 日）.

3 森健，林裕之（野村総合研究所）(2023)「日本の ChatGPT 利用動向（2023 年 4 月時点）～利用者の多くが肯定的な評価～」(5 月 26 日)，https://www.nri.com/jp/knowledge/report/lst/2023/cc/0526_1（閲覧日：2023 年 11 月 23 日）。

4 富士通株式会社（2023)「生成 AI：導入や活用を成功させるために必要なもの」(10 月 V1.0）4ページ，https://activate.fujitsu/-/media/Project/Fujitsu/Fujitsu-Activate/key-technologies-article/ta-generative-ai-20231025/Generative_AI_-_What_does_it_take_to_succeed_with_implementation-jp.pdf，および日本電気株式会社「ChatGPT とセキュリティに関わる課題」(2 月 27 日)，https://jpn.nec.com/cybersecurity/blog/230227/index.html（いずれも閲覧日：2023 年 11 月 23 日）。

5 日本オラクル株式会社「データ・サイエンスとは…」，https://www.oracle.com/jp/what-is-data-science/（閲覧日：2023 年 11 月 24 日）。

6 株式会社 NTT データ バリュー・エンジニア「データとは？　データマネジメント用語をわかりやすく解説」，https://www.nttdata-value.co.jp/glossary/data（閲覧日：2023 年 11 月 24 日）。

あとがき

本テキストでは，情報を軸とし，経営学，商学，会計学並びに関連分野のビジネスで求められる基礎知識や概念などを取り上げてきました。著者が所属する関西大学総合情報学部は1994年に開設されて以来，文理融合と学際性＝分野横断性を併せ持った先駆的な高等教育機関として，分野横断的な「総合性」を求め，「情報をキーワードとして分野横断的に学び，問題解決を図る人材を育成する」ことを理念とした教育実践と研究実績を積み重ねてきました[1]。これらの歩みからも明らかなように，四半世紀以上も前から，社会や経済活動にもたらす情報のインパクトやスケール感を見通し，高度な情報技術と社会実装能力を併せもつ人材育成の重要性を認識してきたといえます。1994年といえば，Yahoo!やAmazonといったアメリカの企業が誕生した年であり[2]，学部設置の先見性を示す一つの証といえるでしょう。

総合情報学部のカリキュラムは，3つの系「メディア情報系」「社会情報システム系」「コンピューティング系」を指針に掲げ，情報をキーワードに横断的かつ系統的に学べるよう，文系と理系の枠組みにとらわれない多彩な講義科目群を用意しています[3]。それにより，小・中・高等学校において始まっている情報の基礎教育との接続を通じて，IT系の知識や技能の醸成はもちろん，思考力や判断力，表現力，問題解決力などをさらなる進化を可能とする環境を整えています。

つまり，先駆的な教育・研究機関に相応しい教育実績や独自性を有することが特徴であり，情報フルエンシー（利活用能力）を備え，情報の本質を見通す能力と柔軟な発想力をもった人材を育成し，輩出しています。卒業生は，IT業界のみならずメーカー，金融，メディア・マスコミ業界や公務員など幅広い分野で活躍されています。したがって，「情報学」を総合的に学ぶという点においては，近年開設が進むデータサイエンス系の大学や学部と比較しても，歴史と実績を有するのが総合情報学部の特長といえます。

データサイエンティストへの期待は，情報革新のめざましい時代にあって，いっそう高まるばかりです。情報を適切に取り扱い，社会実装を担うデータサイエンティストには，高度な情報に関する専門知識や技術，モラルだけでなく，高いビジネスリテラシーが求められます。本テキストにおいて，著者が富士通株式会社在職中に培った情報ビジネス実務の知見や視座と，企業会計を専門とする一研究者として遂行した国内外のフィールド調査や教育研究活動を通じて得たビジネス，経営に関する知識や事例をあわせて提示することによって，読み進めた皆さんは，データサイエンティストにとって情報の社会実装に不可欠な「ビジネスリテラシー」とは何なのか，またその重要性を学ぶことができたと思います。末筆ながら，「情報」がもたらすビジネス分野の新たな価値創造が進む中，皆さんのさらなる研鑽と今後の飛躍を期待しています。

1　関西大学総合情報学部（2019）『関西大学総合情報学部創設 25 周年記念誌』（3 月 31 日），19 ページ。

2　ブリタニカ（Britannica）「Yahoo!: Facts & Related Content」，https://www.britannica.com/facts/Yahoo-Inc，「Amazon.com: Facts & Related Content」，https://www.britannica.com/facts/Amazoncom，およびアマゾン（Amazon）「会社概要＆募集要項」，https://www.amazon.co.jp/b?ie=UTF8&node=5121598051（すべて閲覧日：2024 年 2 月 25 日）。

3　関西大学総合情報学部「学部概要：学びについて（3 つの系）」，https://www.kansai-u.ac.jp/Fc_inf/ug/curriculum/curriculum.html（閲覧日：2024 年 2 月 22 日）。

日本語索引

数字

あ行

か行

さ行

ま行

や行

ら行

英語索引

A

B

C

D

E

F

G

H

I

J

K

L

M

O

P

【著者紹介】
齋藤　雅子（さいとう・まさこ）
関西大学総合情報学部教授

〈学歴・留学〉
2001 年 関西学院大学商学部卒業　学士（商学）
2003 年 関西学院大学大学院商学研究科博士課程前期課程修了　修士（商学）
2008 年 関西学院大学大学院商学研究科博士課程後期課程修了　博士（商学）
2013～2014 年 アメリカ・ノーステキサス大学ビジネス学部客員研究員
2017 年 インドネシア・トリサクティ大学経済・ビジネス学部研究員

〈主要研究業績〉
『企業結合会計の論点―持分プーリング法容認を考える―』中央経済社, 2008 年
『ビジネス会計を楽しく学ぶ』中央経済社, 2011 年
『IFRS 国際会計基準の基礎』（分担執筆）, 平松一夫編著, 中央経済社, 2011 年
『ビジネスを学ぶ基礎ゼミナール』同文舘出版, 2015 年
『インドネシアの会計教育』（国際共著）, 中央経済社, 2015 年
“The Influence on Ethical Thinking Toward Effective Accounting Education,” *Journal of Business and Economics*, 12(1): 1-15, 2021.
ほか多数。

2024 年 3 月 30 日　初版発行　　略称：データリテラシー

データサイエンティストに求められる
ビジネスリテラシー
―情報がビジネスを生み出し、マネジメントを支え、社会を変える―

著　者　　齋　藤　雅　子
発行者　　中　島　豊　彦

発行所　同　文　舘　出　版　株　式　会　社
東京都千代田区神田神保町 1-41　〒 101-0051
営業（03）3294-1801　編集（03）3294-1803
振替 00100-8-42935　https://www.dobunkan.co.jp

製版：マーリンクレイン
印刷・製本：三美印刷
装丁：オセロ

ISBN978-4-495-39086-0